「親の介護・認知症」で
やってはいけない相続

相続専門税理士が教える家族がまとまるヒント

税理士法人レガシィ

青春新書
INTELLIGENCE

はじめに――「人生100年時代」で相続も変わる！

私たちはこれまで、相続専門の税理士集団として、多くの相続のお手伝いをさせていただいてきました。そうしたなかで、2019年は大きな変化がありました。約40年ぶりの相続法の改正です。

どの家族にも、相続は必ず発生します。先祖代々受け継がれてきたものを、次の世代へと受け渡していく――その大きな流れは変わりませんが、細かいルールは変化していきます。そう、時代とともに、相続もまた変わっていくものなのです。

最も大きな変化は、寿命が延びたことでしょう。「人生100年時代」といわれるように、今や90代の親の相続が発生することも、決して珍しいことではなくなりました。

もう1つの大きな変化は、親の介護や認知症の増加です。

介護や認知症は親だけの問題ではなく、場合によっては転居や離職など、子どもの生活にも影響を与えることがあります。

お金の問題もあります。親が認知症になった場合、金融機関によっては、自分のお金でも下ろせないという「預金凍結」も起こり得ます。また、親の介護や認知症のために発生する費用を、子どもが負担することもあるかもしれません。

これまでの相続法では、こうした介護や認知症の問題までは考慮されていませんでした。しかし今は、そうした変化に対応しなければならない時代になってきているのです。


では今回、相続法はどのように変わったのでしょうか。

例えば、これまでは介護をした「長男の嫁」には、相続時に何の権利もありませんでしたが、今回の法改正で「寄与分」として日当程度のお金を請求できるようになりました。

しかし、それは法律という「ハード面」の対応に過ぎません。実際の相続において、どのようなことに心を配りながら対応していけばいいかという「ソフト面」の対応については、あまりいわれていないのが現状です。

もう1つ例を挙げると、今回の法改正により、遺言書を書く際、手書きではなく一部パソコンの使用が認められるなど、遺言書を作成するハードルが下がりました。しかしこれも「作業的なハードル」であって、「心のハードル」が下がったわけではありません。

実は私たち相続の専門家ですら、実際の相続現場で遺言書を扱うことはとても少ないのが現状です。遺言書が書きやすくなったからといって、心情的にはやはり書きたくないという人が大多数なのではないかと思います。

テレビや雑誌などでは「新しい相続法ではこうなった」というところばかりがクローズアップされがちですが、相続においてはこうした「ハード面」と「ソフト面」のギャップがあることを理解していないと、モメる可能性が高くなります。

当たり前のことですが、相続は突き詰めて考えると、お金の問題ではなく、人と人、つまり家族の問題です。そこを杓子定規《しゃくしじょうぎ》に「法律ではこうなっている」「自分にはこれだけの権利がある」ということばかり主張していては、相続がまとまらないどころか、家族の仲が余計にこじれてしまうでしょう。

そこでこの本では、これまでに1万件以上の相続の「現場」を見てきた経験から、人生１００年時代の円満相続のヒントをまとめました。

親の介護や認知症により、相続ではこれまでのやり方が通用しないため、新しい工夫が必要になります。そのやり方次第では、より家族の絆を深めることができるでしょう。

この本が、家族みんなが笑顔で前に進んでいくためのヒントとなることを願っています。

『「親の介護・認知症」でやってはいけない相続』　目次

◆序章◆

「介護・認知症の相続」にはコツがある

超高齢社会が相続に与える影響

◆第１章◆

40年ぶりの相続法改正でここが変わった！
押さえておきたい相続の基本

◆第2章◆

「親の認知症」でやってはいけない相続

「親のため」と思ってもこんなやり方は逆効果！

第3章

「親の介護」でやってはいけない相続

カギを握るきょうだいの情報共有

◆第4章◆

「人生100年時代」の円満相続のヒント
うまくいく相続にはこんな共通点があった！

本文デザイン　ベラビスタスタジオ
編集協力　樋口由夏

◆序章◆

「介護・認知症の相続」にはコツがある

超高齢社会が相続に与える影響

「相続専門税理士」だけが知っている相続法改正の背景

最近、「相続」という言葉をあちこちで見かけるようになりました。

新聞や雑誌の見出しでも、インターネットでも、「死後の手続き」や「身近な人が亡くなったら」「得する相続と損をする相続」などといった言葉が飛び交っています。

私たちは長いあいだ、専門家として相続に携わってきましたが、ここまで「相続」が脚光を浴びたことはなかったのではないでしょうか。

なぜなら、約40年ぶりに民法（以下「相続法」と表記）が改正され、次々と相続のルールが変わっているからです。

「相続なんて、お金持ちだけの話」

「わが家は相続争いをするほどの資産もないから大丈夫」

こんなふうに思っている人も多いかもしれません。でも、そんなことはありません。

親がいて、それを引き継ぐ子どもがいる限り、誰にでも等しく相続はやってきます。この改正によって、今まで「他人事」だった相続が「自分事」になる可能性は高いのです。

ですからこれからの時代、誰もがある程度の相続の基礎知識を持っておく必要があります。相続の際に損をする、ということだけではありません。家族間のモメ事を引き起こすことになったり、親との信頼関係が崩れたりするといった、取り返しのつかないことになりかねないのです。

相続法の改正が約40年ぶりと書きましたが、税理士の立場としては、「こんなに時代が変わっているのに、よく40年ものあいだ改正しなかったものだ」というのが実感です。

40年前といえば1980年です。1980年の改正では、核家族の増加などに合わせて、配偶者の法定相続分の引き上げなどがなされました。

それから40年。いちばん大きな変化は、女性の社会進出による変化ではないでしょうか。今回の相続法の改正のポイントを一言でいえば、「女性に優しい相続」です。女性も堂々と権利を主張できる時代へと変化してきたのです。

それに加え、今は「家制度」が崩壊しかかっています。20代、30代よりも若い世代にとっては、そもそも「家制度って何？」というところでしょう。「本家」「分家」「○○家の墓を守る」などといわれても、ピンとこないのではないでしょうか。しかし相続が起きている現場では、いまだに「家制度」は健在です。とはいえ、今は過渡期。これから徐々に崩壊していくでしょう。

そして40年前と違うのは、少子高齢化がものすごい勢いで進んでいることです。実際、相続が発生する際の配偶者の年齢も高くなってきました。あまりいい言葉ではありませんが、今や「老老相続」の時代なのです。

このような流れのなか、今まで相続とはあまり結びつかなかった介護の問題、認知症の問題も出てくるようになりました。

ご存じの通り、男性に比べて女性のほうが長生きです。２０１８年の日本人の平均寿命は、男性81・25歳、女性87・32歳となっています（厚生労働省調べ）。実際、父親が亡くなったあとに母親が亡くなるケースのほうが圧倒的に多いのですが、その母親（女性）が亡くなる年齢、つまり相続が発生する年齢は80～90代なのです。

このことからも、今回の相続法改正のキーワードは、やはり「女性」だということがわかります。

相続法改正の詳しい中身については、第1章でお話しします。

相続を難しくする「介護・認知症」の問題

認知症の高齢者は増え続けています。

厚生労働省の研究班の調査によると、2012年の時点で認知症患者数は462万人と推定されており、その予備軍である軽度認知障害（MCI）患者は約400万人にのぼるとされています。この発表を受け、テレビや雑誌などでは「認知症800万人時代」といわれるようになりました。

先にお話ししたように、今回の相続法改正には、このような認知症や介護の問題が増えていることも大きく関係していると思われます。

実は日々相続の現場を見ている私たちも、2016年頃から相続で認知症問題を意識している人が増えていることを感じていました。これは今まではほとんどなかったことでした。

2014年に発表された厚生労働省の推計では、認知症の人は2025年には730万人に達し、高齢者の20・6％になるといわれています。

2015年に比べて、2040年には、認知症は今の1・81倍になるというデータもあります（九州大学大学院調査。2014年度）。つまり、ほとんど倍になってしまうということです。同じ調査では、65歳以上の人口の増加は今の1・14倍、死亡者数は今の1・27倍と推定されており、それだけ認知症患者の数が多いということを物語っています。これからは、認知症は他人事ではなく、誰もがなる可能性があると考えておいたほうがいいでしょう。

認知症の方は、必ずしも介護施設に入居していたり、入院しているとは限りません。軽度の場合はなおさらでしょう。この先、介護人材は不足する一方ですから、ご家庭で認知症の親を介護する方も増えてくるかもしれません。

では、認知症は何歳くらいから増えてくるのでしょうか。

先の九州大学大学院の調査によると、2020年の予測データでは、84歳までの有病率が男性約22・9％、女性27・8％であるのに対し、85歳以上からは男性と女性がそれぞれ約50・94％、61・72％と半数を超えます。

認知症対策の適齢期は、80～84歳ということになりそうです。

認知症は少しずつ進みますから、もっと若いうちから対策を打っておくに越したことはないのですが、もしご自身の親御さんが80～84歳の人は、何かしら急いで対策を考えたほうがいいでしょう。

ちなみに、糖尿病の人は認知症になるリスクが高いことが医学的にも明らかになっています。今や糖尿病は国民病の1つ。糖尿病対策をしておくことも、その一助になるかもしれません。

事前の対策といっても、健康管理だけではありません。その対策のなかには、親の財産管理、相続対策も含まれています。自分の親が認知症になってしまってからでは、相続の問題はより難しくなってしまいます。ですから早めに行動を起こす必要があるのです。

モメることによる相続の「時間切れ」を防ぐには

親が認知症になる前に財産管理や相続の対策を、という話をしました。

具体的には、きょうだいがいるのであれば、モメ事を防ぐためにもまず話し合いをすることからスタートします。

では、そのベストなタイミングとは、いつなのでしょうか。

親御さんが心身ともに健康であれば、まだ何もする必要はありません。タイミングは、80代~90代の父親あるいは母親の認知症が気になりはじめたときです。

つまり、「介護がはじまってから」ではなく「はじまる前」ということです。そのとき認知症の診断が下りなかったとしても、介護が必要になる状況が訪れる前に、子どもたちで話し合っておくといいでしょう。

あまり考えたくないことかもしれませんが、介護をする期間の長短はあるものの、やがて父親、母親が亡くなると、待ったなしで相続がやってきます。そして遺産分割の話し合い（遺産分割協議）がはじまります。その後、一定の財産がある場合には、相続税を申告・納付しなければなりません。

なぜ事前の話し合いが必要なのかというと、相続税の申告リミットは想像以上に短いからです。

相続税は、相続が開始して（親が亡くなって）から10カ月以内に申告しなければなりません。これが、長いようで意外と短いのです。

親が亡くなってから2カ月は、葬儀や各種手続き、四十九日の法要などに追われている

相続の手順とその期限

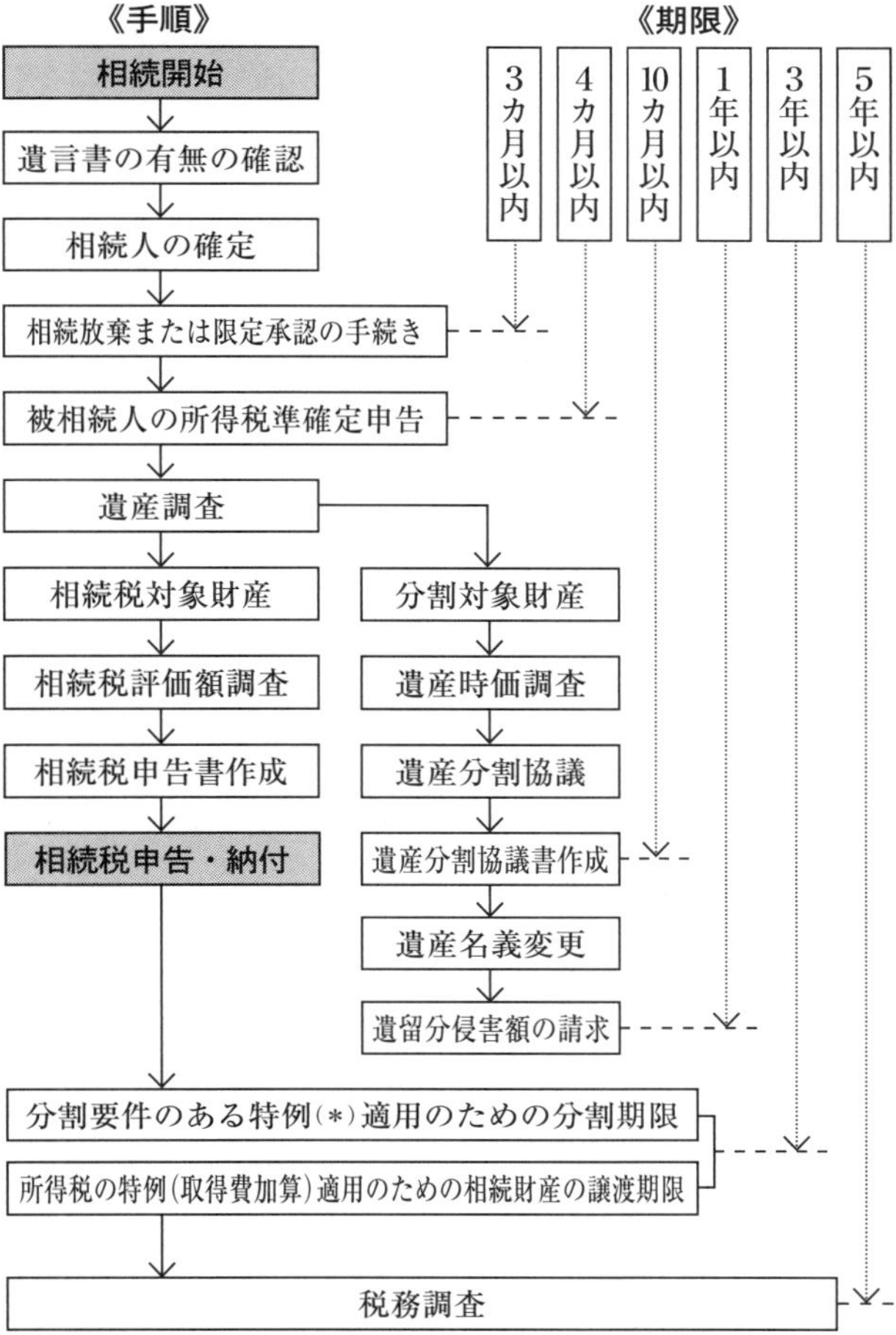

*配偶者の税額軽減（相続税法第19条の2）及び小規模宅地の評価減（租税特別措置法第69条の4）

うちに過ぎていってしまいます。実質的には、残りの8カ月でなんとかしなければならないことがほとんどです。

8カ月のあいだに税理士に依頼して相続財産の確定をしてもらい、遺言書の確認、遺言書がなければ遺産分割協議をして相続税の申告書の作成。そして税務署に申告して相続税を支払います。相続を経験した方ならわかると思いますが、思った以上に慌ただしく感じることでしょう。

そこで重要になってくるのが、「親の介護がはじまる前」のコミュニケーションなのです。

介護において重要なのは「情報の共有」です。

もしきょうだいがいた場合、連絡をとり、お互いの意思疎通を図らなければなりません。しかしきょうだいが遠方に住んでいる方や、年に数回しか会わないという方も多いでしょう。そんななか、相続が発生してから慌ててコミュニケーションをとることは、容易ではありません。

そこで例えば私たちがおすすめしている方法は、スマートフォンのLINEなどのアプリでグループをつくったり、介護のお金を家計簿アプリで管理したりする方法です（詳し

く は第4章で述べます）。

コミュニケーションを密にし、情報を共有しておくと、相続が発生した際に話し合いがとてもスムーズに進みます。同時に時間の節約にもなるわけです。これを何もしないままいきなり相続に突入すると、モメるもとになります。

きょうだい間でモメたことによって、相続税の申告が時間切れになってしまっては、元も子もありません。

相続税の課税対象であるにもかかわらず、期限までに申告しなかった場合には、無申告加算税が課されてしまいます。また、相続税を支払わなくてはいけないのに支払いが遅れた場合は、延滞税も課されます。

当然ですが、親が亡くなるのは突然なことが多いものです。きょうだい間で何も話し合いをしないまま親が亡くなると、何の準備もできていないまま相続に突入することになります。モメることで時間切れとなり、本来なら支払わなくてもよい税金を支払うことがないようにしたいものです。

相続の「現場」を知らないとこれでしくじる！

相続法の改正をきっかけに、今さまざまなメディアで相続の話題が飛び交っていることはお話しした通りです。そこに書かれていることの多くは、相続する側（相続人）が得をするための情報です。つまり、「これをやっておかないと大変」「そのやり方では損をする」といったことばかりなのです。

私たちは相続専門の税理士法人として、これまでにたくさんの相続税申告に携わってきました。相続税の申告だけでなく、相続にまつわるコンサルティングまで含めると1万5000件以上の相談案件にかかわっています。日本でいちばん相続の現場を知っている税理士集団であると自負しています。

そんな立場で、昨今の相続の話題を見ていて実感するのは、損得だけで考えると相続で「しくじる」リスクが高いということです。

そこで、相続の現場を知らないとしくじるポイントを7つ挙げてみました。

①親が認知症になる前に銀行口座について聞くことのリスク
②親にいきなり相続の話を切り出してしまうことのリスク
③介護しているから相続のとき多めにもらえると考えることのリスク
④遺言は書いてくれて当たり前だと思うことのリスク
⑤みんな積極的に相続対策していると思い込むことのリスク
⑥相続のコツなど、知識だけを頭に入れていることのリスク
⑦知り合いの税理士に相続の申告を頼むことのリスク

1つひとつ簡単に説明しましょう。

①親が認知症になる前に銀行口座について聞くことのリスク

認知症になったらお金を下ろすのも大変そうだからと、親が元気なうちに銀行の口座番号など、大切な情報や通帳の場所などを聞き出す――実はこれは逆効果です。よかれと思ってやっていることはわかりますが、親にとっては認知症になることが前提になってしまっているからです。

②親にいきなり相続の話を切り出してしまうことのリスク

親と相続の話をする際は、銀行口座を聞き出す以上に注意が必要です。いきなり相続の話を切り出して、「何を考えているんだ！」と父親に怒鳴られたというケースもあります。

親御さんは「財産を狙っているのか」と思ったり、わが子の思いやりのなさに怒りと失望を覚え、二度と相続の話ができなくなってしまうでしょう。

③介護しているから相続のとき多めにもらえると考えることのリスク

ご両親と同居している長男と、そのお嫁さんが思い込みがちな勘違いです。

「ずっと介護をしてきたのだから、（次男や長女などの）ほかのきょうだいはわかってくれるはず」「相続のときには、配慮してくれる（多く譲ってくれる）はず」と思い込んでいるのです。

残念ながら、ほとんどの場合、誰もそう思ってはくれません。実際、別居のきょうだいは、「介護をしないで、楽をさせてもらってよかった」と思っているだけなのです。

④遺言は書いてくれて当たり前だと思うことのリスク

「きっと親は何かしら遺言を残しておいてくれるだろう」

これも、子どもにとって都合のいい思い込みの1つです。遺言については、相続の本にもよく書いてあるせいか、「何でうちの親は書いてくれないんだろう」と思っている人が多いようです。

後ほどお話ししますが、相続法の改正で遺言書作成のハードルはやや下がったとはいえ、相続の実務に携わっている私たちからすれば、遺言書を実際に書いている人は、ごく少数です。実際の数字でいうと、遺言書を作成していた人の割合は2018年のデータでわずか9％、課税価格が5億円以上の資産家でも、ここ4年間の平均で19％程度なのです（63ページ参照）。

親に遺言書を期待するのはかなり難しいのが現実でしょう。

⑤みんな積極的に相続対策していると思い込むことのリスク

私たちは定期的に相続セミナーを開催していますが、出席者を見ると、白髪まじりの方が増えました。それを見た人は「みんな相続のことを真剣に考えて出席しているのだな」

と思うかもしれませんが、そうではありません。

出席者の多くは60代です。つまり、80代、90代の親の相続対策のために50代、60代のお子さんたちが出席しているのです。

私たちが持っているデータによると、母親が亡くなった年齢は、90歳以降が46%でした（2018年・税理士法人レガシィ調べ）。つまり、父親が亡くなったあと、母親が90代で亡くなるケースが半数近くあるのです。相続対策セミナーの参加者が60代であるのもうなずけます。

こうした背景を知らないと、みんなが相続対策していると思い込み、あせって親に相続対策を迫ってしまい、かえって親子関係をこじらせてしまう可能性があります。

⑥相続のコツなど、知識だけを頭に入れていることのリスク

何度もお話ししているように、「相続対策のコツ」を示した情報が今、いろいろなところで見られるようになってきました。

このような相続対策の処方箋をそのまま鵜呑《うの》みにして現実の問題に落とし込むと、しくじることが多いのです。相続対策の特効薬（クスリ）と思われたことが、実は「クスリ」

ではなく、逆から読んで「リスク」だったという、洒落《しゃれ》にならない話です。

確かに、相続対策をして、税金を安くしたり、きょうだいなどの親族とモメないようにしたりすることは大切なことです。

ただし、相続対策の知識を頭に入れても、その入り口を間違えると取り返しのつかないことになります。②のところでもお話ししたように、相続対策の切り出し方が重要なポイントになるでしょう。

⑦知り合いの税理士に相続の申告を頼むことのリスク

よくあるのが、知人や友人に税理士がいるから、相続も頼んだというケースです。もちろん、その方が相続に慣れているならいいのですが、多くの場合はそうではありません。

一般的に、税理士はなんでもやります。例えば企業や個人への節税のアドバイス、確定申告の申告書の作成、相続税や贈与税の申告など。税理士というからには税のプロですから、当然のことだと思われるでしょう。

しかし、あえていわせていただくならば、「相続税は相続専門の税理士に」が鉄則です。

弁護士や司法書士もそうですが、その道のプロであっても、それぞれ得意分野があります。医師のように「外科」「内科」「皮膚科」と表示しなければならない義務はありませんが、なるべく相続の取り扱い件数が多いところを選ぶのがおすすめです。

一例を挙げれば、相続に精通している税理士事務所では、過去の事例や判例などから、不動産の適正な評価をおこなうことに長《た》けています。実際、私たちが土地の評価をやり直したら、税金が戻ってきたというケースは少なくありません。それだけ税理士によって差が出てきてしまうものなのです。

税務署は決して、「こんなに（相続税を）払わなくていいですよ」とは教えてくれません。特に相続税の金額が大きい場合は、安易に知人の税理士にお願いせず、相続に慣れている税理士にお願いしたほうがいいでしょう。

ちなみに私たちは、税理士にとって最も大切なことは「誠実さ」であると考えています。相続の現場における誠実さには3つあります。それは「節税」「モメさせない」「財源」です。

「節税」とは、その人の気持ちになって節税のアドバイスができるかどうか。

「モメさせない」のは、文字通り、まるで仲介人のようにあいだに入って、「お姉さんが感謝していらっしゃいましたよ」などと、争わずにモメ事を収めるほうに持っていけるかどうか。

「財源」は、不動産なり自社株なりをどうやったら売れるように持っていくか、ということになります。

こういった視点で、相続に慣れている税理士を見極めましょう。

「正しい」相続対策でもモメる理由

相続でモメないためのヒントを、ここまでの話をもとにまとめましょう。

相続関連の記事や書籍では、

「父親が亡くなり、母と子に相続が発生した場合、子どもがまとめて相続したほうが相続税が得になる。だから、母より子が多く相続するべき」

「遺言があると相続がスムーズだから、親に遺言を書くように頼む」

などといったことがいわれています。これ以外にもいろいろと「相続で得するためのコツ」が紹介されています。

確かに、教科書的にはすべて正解です。ただ、残念ながらそれらはあくまでも「教科書」、つまり机上の空論なのです。

例えば、「父親が亡くなり、母と子に相続が発生した場合、相続税が得になるから母より子が多く相続すべき」というのは、母親の心情をまったく無視しています。母親から見れば、配偶者が亡くなった状況で、子どもにより多くの財産を相続させたいと思うでしょうか。母親はまず、これからの自分自身の生活が心配になるのではないでしょうか（このことについては、第4章で詳しくお話しします）。

「遺言を書くように頼む」というのも同様です。実は遺言書を書く人は10％もいないことは、すでに述べた通りです。ちなみに「子どもに遺志を伝えるためにエンディングノートを残しておくと便利」などと書かれていることもありますが、相続の現場で私たちがエンディングノートにお目にかかったことは一度もありません。

かつての人気映画のセリフではありませんが、「相続は会議室（専門書のなか）で起きているんじゃない。現場で起きているんだ」というわけです。

ではこれから、私たちがたくさんの「現場」を見てきたからこそわかった、「相続でしくじらないヒント」を、具体的に伝えていきましょう。

第1章

40年ぶりの相続法改正でここが変わった！

押さえておきたい相続の基本

相続法改正の7つのポイント

40年ぶりに相続法が改正されました。その大半は2019年7月1日から施行されましたが、それ以前から改正されたもの、そして2020年以降に改正が予定されているものもあります。

まずは今回改正される相続法にはどのようなものがあるのか、簡単に紹介しましょう。

①配偶者居住権（2020年4月1日施行）

自宅の権利を「所有権」と「居住権」に分け、夫が亡くなり残された配偶者である母親に、居住権が認められるようになります。配偶者がこの居住権を取得すれば、取得権が別の相続人（例えば子どもなど）や第三者にわたっても、配偶者は亡くなるまで自宅に住み続けることができます。

②配偶者への自宅贈与の優遇措置（2019年7月1日施行）

婚姻期間が20年以上の夫婦の一方が、他方から自宅を生前贈与されたり、遺言で譲り受けたりした場合は、遺産の先渡しとしては計算されず、遺産分割の対象から除外されます。

③預貯金の払い戻し制度の創設（2019年7月1日施行）

２０１６年の最高裁大法廷の決定により、遺産分割協議のあと、もしくは家庭裁判所の許可なしには、被相続人の預貯金の払い戻しはできないように実務が変更されていましたが、被相続人の預貯金について、一定額まで払い戻しができるようになりました。

④自筆証書遺言の方式緩和（2019年1月13日施行）

自筆証書による遺言のうち、財産目録については手書きで作成する必要がなくなります。一部はパソコンで作成したものも認められるため、これまでよりも簡単に書き残せるようになりました。

⑤法務局の自筆証書遺言保管制度（2020年7月10日施行）

自筆証書遺言を法務局で保管できるようになりました。これまでは各自で管理したため、紛失、隠蔽《いんぺい》、相続人が遺言の存在に気づかないということがありましたが、これらの問題が解消されることが期待されています。

⑥遺留《いりゅう》分制度の見直し（2019年7月1日施行）

遺留分とは、一定の範囲の法定相続人に認められる、最低限の遺産取得分のことをいいます。遺留分を侵害されたときにおこなう遺留分減殺《げんさい》という概念が改められ、遺留分侵害額の金銭請求のみに一本化されました。これにより、土地建物・自社株など、重要な財産が共有とされることがなくなり、請求方法がシンプルになりました。

⑦相続人以外の親族の特別寄与《きよ》制度の創設（2019年7月1日施行）

相続人以外の親族（同居長男の嫁など）が無償で被相続人の介護などをおこなった場合に、相続人に対して金銭の請求ができるようになりました。

今回の改正で、実務的に影響が大きいのは③⑤⑦の3つの改正です。なかでも、話題性が高いのは⑦でしょう。以下、改正された相続法ではどのように変わるのかを詳しく解説していきましょう。

「相続人にならない人」にも相続が発生する

今回の改正で最も話題性が高い「相続人以外の親族の特別寄与制度の創設」とは、どのようなものなのでしょうか。

わかりやすくいえば、同居長男の嫁など、従来は「相続人にならない人」にも相続に伴って権利が発生することがあるというものです。つまり、介護をした相続人以外の家族（同居長男の嫁など）も、一定の要件を満たせば、金銭の請求ができるようになったのです。

昭和から平成、そして令和になり、今や家制度はなくなりつつあるといわれますが、実際のところ、相続の現場ではまだまだ家制度は健在です。同居しているご家庭も多く、長男のお嫁さんが夫の親（舅《しゅうと》、姑《しゅうとめ》）を介護しているケースがかなりあります。

最近では同居ではなく近居のケースも多いのですが、いずれにしても、長男や長女などの実子以外の親族、多くは「長男の嫁」が介護をしていることが多いようです。

これまでは、どんなに献身的に介護をしていたとしても、相続人でない長男の嫁は、相続によって財産を取得することはできませんでした。

【ケース1】義父母を長年介護してきた長男の嫁

例えば長男の嫁として、同居の義父母をずっと介護してきたとしましょう。義父を見送ったあと、姑である義母も亡くなりました。相続人は長男である夫と、その弟の次男です。弟夫婦は近所には住んでいますが、次男の嫁が義父母のところに顔を出すのは1〜2週間に1回。義弟である次男にいわせれば、同居と近居の違いはあるけれど、多少の面倒は見たし、兄夫婦は同居している分、いい思いもしただろうとの考えから、相続は規定通り半分ずつでいいだろう、と思っています。

「お義姉さんの子どもは、うちの子よりもいろいろと買ってもらっているようだし……」

「お義母さんのお財布で、贅沢《ぜいたく》なものを食べているみたいじゃないか」

などといった言い分も出てくるでしょう。

一方、長男の嫁としては、これでは納得いかない、というのが典型的なケースです。半分ずつ相続するにしても、長男側に有利な選択をさせてもらう、あるいは半々ではなく6：

4や7：3にするなど、相続に差をつけてほしいと思うでしょう。

同居の苦労は、経験した者でないとわからないものです。精神的なストレスはもちろん、義父母を残して気軽に外食や旅行にも行きづらいでしょう。近居とは明らかに精神的な負担が違います。

そこで、今回の改正では、その介護や看護の貢献度を認めましょう、ということなのです。

「特別寄与」とありますが、「寄与分」とは、相続人が相続財産の維持や増加に貢献したような場合に、その貢献した度合いのことをいいます。

例えば実家で父親がはじめたお米屋さんで、長男が一緒に働いていたとします。店の名義は父親ですが、高齢のため、実質的に店を支えているのは長男でした。結果、父親の財産を増やすのに貢献したのは長男ということになります。このような場合に、父親が亡くなり相続が発生したとき、長男に「特別寄与」が認められるのです。

介護や看護をした長男の嫁などの親族にも、これを認めるということです。先ほど例を挙げたケースでは、長男の嫁は堂々と、「私がずっとお義父さん、お義母さんの面倒を見てきたのだから、それに見合ったお金がほしい」といえるのです。

ただし、その金額は「日当」程度なので、現実的には大きな金額ではないでしょう。人によって意見はそれぞれかもしれませんが、介護や看護をせざるを得ない状況だったにもかかわらず、それが「日当」程度では、あまりにも浮かばれないのではないでしょうか。

それでも、今までは認められなかった介護の貢献度を法律が認めたということは、時代の流れもありますが、とても大きな変化だと思います。

実際には、今回の「嫁の特別寄与制度の創設」以前も、裁判で嫁への支払いが認められたケースもありましたが、裁判になれば時間も手間もかかります。本来なら特別寄与の制度を使わず、介護が発生するタイミングで、事前にきょうだい間で打ち合わせをしておくのがベストでしょう。

「お義姉さんにほとんど介護をお願いすることになるから、もし介護施設に入居するようなことになったら、協力するよ」

「今、経済的にわが家は厳しいから、介護をしていただいた分の負担は、相続のときに調整させてくださいね」

これは理想的なケースかもしれませんが、次男夫婦からこんな言葉が出てきたら、そのあとの関係はとてもスムーズになるのではないでしょうか。

相続時に使える特例が増える！「配偶者居住権」

相続における特例というものが、いくつかあります。

これまでも、「配偶者の税額軽減」「小規模宅地の評価減」「取得費加算」といった特例がありましたが、それに加えて、今回の相続法の改正でも特例が増えました。


前に、今回の相続法の改正を一言でいうと「女性に優しい相続」になると述べました。前項にあったように、おもに長男の嫁が負担していた介護についても金銭請求できるようになったのも、その１つです。

そして特例として新たに加わった「配偶者居住権」と「配偶者への自宅贈与の優遇措置」も女性、特に「お母さんに優しい」特例といえます。

まずは「配偶者居住権」から説明しましょう。

配偶者が相続開始時に被相続人が所有していた建物に住んでいた場合に、遺産分割協議で配偶者居住権を取得することで、終身または一定期間、その建物に無償で住むことができるようになります。具体例で説明しましょう。

【ケース2】預貯金は少なく、大きな財産は自宅のみの相続

80代の夫が亡くなり、相続が発生したケースです。相続人は80代の妻とその子どもである50代の息子2人です。法定相続分は妻が2分の1、子どもはそれぞれ4分の1になります。

財産である自宅の評価額は3000万円、預貯金が1000万円あるとします。法定相続分で計算すると、妻が2000万円、子どもがそれぞれ1000万円ずつになります。

2人の子どもがもしも「法定相続分の財産がほしい」といってきた場合、息子たちに合計2000万円渡すためには、預貯金が足りません。そうなれば、自宅を売却して現金を用意しなければならなくなり、年老いたお母さんは老後に安心して住む場所もなくなってしまいます。

このような、預金がそれほど多くなく、資産は実家の不動産程度という家庭はたくさんあります。住み慣れた住宅を売却してまで現金をつくり、年老いた配偶者が家から退去せ

ざるを得なくなるケースを防ぎ、配偶者を優遇するための制度なのです。
そのために、自宅を「所有権」と「居住権」に分け、配偶者に「居住権」を相続しても らいます。そうすれば、子どもたちが「所有権」を相続しても、配偶者は亡くなるまで自宅に住み続けることができます。

とはいえ、現実的には子どもが相続のために「お母さんは家から出て行って」というケースはまずあり得ません。実際は、配偶者が後妻であり、先妻の子がいるようなケースや、節税の目的を除き、子どもが法定相続分の遺産を請求して、母親を実家から追い出すということはあまり考えられないでしょう。

【ケース3】夫亡きあとの生活費が不安な妻

同じく80代の夫が亡くなり、80代の妻に相続が発生したケースです。子どもは50代の娘が１人。

自宅の評価額は２０００万円、預貯金が３０００万円あるとします。妻と子の法定相続分は1：1なので、それぞれ2500万円ずつになります。

普通に考えると、妻は自宅（2000万円）と預貯金500万円を、子どもは預貯金2500万円を相続することになります。すると、妻は自宅に住み続けることはできますが、手元には預貯金が500万円しか残らないため、老後の生活費が心配です。

そこで、今回の特例に則って、自宅を「所有権」と「居住権」に分けて考えます。

妻は居住権1000万円、預貯金1500万円の合計2500万円相続します。子どもは負担付き所有権1000万円と預貯金1500万円の合計2500万円相続します。こうすれば、妻は住む場所とともにある程度の生活費もあるので、安心というわけです。

「配偶者への自宅贈与の優遇措置」のメリット

次にもう1つの特例、「配偶者への自宅贈与の優遇措置」についてです。

婚姻期間が20年以上ある夫婦間で居住用の不動産の遺贈または贈与がされた場合、遺産の先渡しとしては計算されず、遺産分割の対象から除外されるという優遇措置です。つまり、遺産分割での配偶者の取り分が増えるということです。

「配偶者居住権」で相続はこう変わる

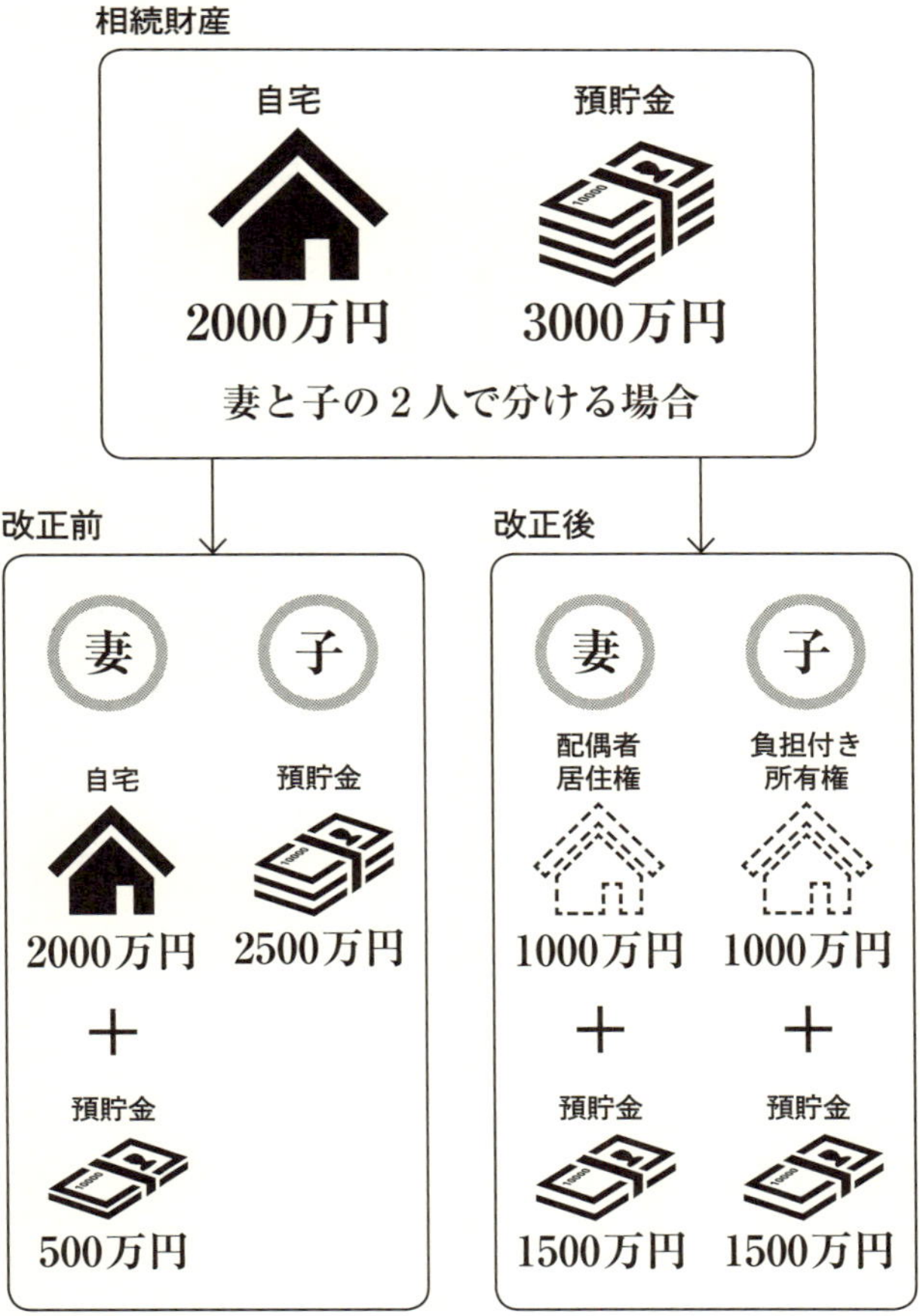

妻と子で相続財産を1/2ずつ分ける。妻は自宅を相続しても、生活費に不安がある

自宅を「居住権」と「所有権」に分けて考える。そのうえで預貯金を1/2ずつ分けるため、妻は住む場所と生活費を確保できる

従来は、贈与などをおこなったとしても、原則として遺産の先渡しをおこなったものとみなされていましたので、配偶者が最終的に取得する財産額は、結果として贈与がなかった場合と同じになっていました。

【ケース4】自宅の生前贈与で妻の相続財産が増える

例えば80代の夫（被相続人）と80代の妻、50代の息子と娘がいる場合で考えてみましょう。今住んでいる自宅（持ち分2分の1）が2000万円（評価額）、その他の財産が3000万円あります。

妻は、夫から自宅を生前贈与されています（自宅の持ち分1／2の2000万円）。

従来の制度では相続財産とみなされ、遺産の先渡しを受けたものとして取り扱われるため、相続時の妻の取り分は、

「（5000万円＋2000万円）×1／2－2000万円＝1500万円」

となります。つまり、最終的な相続財産の取得額は、

「1500万円＋2000万円＝3500万円」

です。従って贈与があった場合とそうでなかった場合と比較しても、最終的な財産の取得額は差異がないことになります。

では、改正後はどうでしょうか。

同じく80代の夫（被相続人）と80代の妻、50代の息子と娘がいるケースでは、生前贈与分については相続財産の先渡しとみなされなくなるため、妻の取得額は、

「5000万円×1／2＝2500万円」

となり、最終的な財産の取得額は、

「2500万円＋2000万円＝4500円万」

となり、より多くの財産を取得できるようになります。

少し裏話をしますと、今回の改正の中間試案では、配偶者の法定相続を1／2から2／3にする案もありました。ただ、反対意見が多数のため、見送られたという経緯があります。その代替案として追加されたのが、この特例なのです。

相続前でも、預貯金の一部が引き出し可能に

今回の改正で、話題性があり、なおかつ現実的にも影響が大きいものが「預貯金の払い戻し制度の創設」ではないでしょうか。

父親が亡くなったとき、葬儀費用のために子どもが銀行で父親の預金を下ろそうとすると、すでに預金は凍結されていた……そんな話をよく聞きます。

相続法の改正により、葬儀費用は払いやすくなりました。

その前に、なぜ預金が凍結されてしまうのか、説明しましょう。

2016年、最高裁の判決で「相続された預貯金債権は、遺産分割の対象財産に含まれることとなり、共同相続人による単独での払い戻しができない」こととされました。それまでは、実務上、共同相続人による単独での払い戻しも是認されていたので、この判決が与えた影響はとても大きいものでした。

相続財産の対象となるのは、土地、家屋、預貯金、株券、貴金属、自動車、家電などが

あります。預貯金は残高そのままが相続財産の対象です。ですから本人が亡くなってしまえば、勝手に引き出すことはできません。故人の財産は、相続人の共有となるからです。

つまり、生活費や葬儀費用の支払いはもちろん、相続債務の弁済などの資金の需要がある場合でも、遺産分割が終了するまでは、預金の払い戻しができなかったのです。

しかし、遺産分割協議は時間がかかるものです。相続が発生してから6カ月後くらいから遺産分割協議をおこなうのが一般的なので、それでは生前の入院代や、葬儀代が払えなくなってしまいます。そこで新しい制度ができたのです。

預貯金債権の一定割合（金額の上限あり）については、家庭裁判所の判断を経なくても金融機関の窓口における支払いを受けられるようになりました。

具体的には、「預貯金額×法定相続割合×１／３」が、単独で払い戻しができる金額です。１／３としたのは、みんな下ろせてしまうと、モメるもとになってしまうからです。

預金が６００万円ある場合で、配偶者と子ども1人のケースでは、

「６００万円×法定相続割合（１／２）×１／３＝１００万円」

を下ろせることになります。これは、手元預金が少ない人にとっては朗報でしょう。ただし、1金融機関あたり１５０万円までと上限額が決まっています。

まだはじまったばかりの制度なので、どのような影響が出てくるかはっきりはしていませんが、相続開始後、遺産分割が確定するまでのあいだに、相続人に生じるいろいろな不利益や不公平は是正され、金融窓口での混乱や、手続きの遅れなどによる不利益は改善されていくのではないでしょうか。

ただ、葬儀費用に関しては、共同相続人全員が同意していることが証明できれば、下ろしてもいいという金融機関もあるようです。共同相続人全員の同意書が必要なので、面倒ではありますが、問い合わせてみるといいでしょう。

一般的に、葬儀費用は高額だと思われているかもしれませんが、ひと昔前に比べて、今は葬儀にお金をかけない傾向があります。「お金がかかるから家族葬にします」というケースも増えています。

もちろん家族葬を否定はしませんが、1つ大切なことを忘れています。それは「香典」です。

葬儀をおこなえば、友人、知人が香典を持ってきてくださいます。ですから葬儀で多少のお金はかかっても、香典をいただけたらそれほど大きな差額は出ないはずです。

葬儀は面倒だという人もいます。確かに葬儀は多くの人に連絡をする必要もあり、いっときは大変ではあります。しかし、あとあとのことを考えると楽なのです。そしてそれ以上に、手を合わせて故人とお別れすることができ、気持ちの区切りもついて、家族も参列する方の気持ちもスッキリします。

葬儀は、参列者のためにあるものなのです。

あくまでも1つの意見ではありますが、家族葬にしてしまうと、後日亡くなったことを聞きつけた知人や友人が、「お線香だけでもあげさせてほしい」とひっきりなしに訪れ、家族はしばらくその対応に追われてしまいます。この来客対応の精神的負担は、なかなか大きなものです。葬儀で大変になるのはいっときだけですが、家族葬の場合は、あとが大変なのです。

亡くなった家族が高齢であっても、年を重ねた分だけの歴史があります。むしろ高齢になるほど義理堅い人も多く、知らせればいろいろな人がいらっしゃるはずです。

できることなら葬儀の場を設けて、お別れの場をきちんとつくってあげるのが、お互いのためなのではないでしょうか。

モメ事が長期化しやすい相続財産の「共有」を防ぐ

「相続」と聞くと、テレビドラマのようなドロドロの財産争いを思い浮かべる人もいるでしょう。相続争いが起こる大きな理由は、その人にとって、相続した財産に納得がいかないからにほかなりません。

そもそも相続財産はどのように分けられるものなのか、おさらいしましょう。

民法では配偶者や子どもなどの法定相続人にどういう比率で財産を分ければいいのかという「法定相続分」が示されています。

一般的に、1つの家族には相続は2回やってきます。

1回目は両親の一方が亡くなったときに発生する相続、2回目は残された配偶者が亡くなったときに発生する相続です。1回目の相続を一次相続、2回目を二次相続といいます。

一次相続で配偶者と子どもで相続するときは、配偶者が1／2、残りの1／2を子どもが均等に分けます。配偶者がすでに亡く、子どもだけで相続する二次相続のときは、全体を子どもの数で均等に分けます。

法定相続分とは、あくまでも「こうして分けるといいですよ」という基準です。

ですから相続人の話し合いによって、一次相続で配偶者がすべて相続することもできますし、二次相続で長男が多めに相続することもできます。

また、このあと述べますが、法的に有効な遺言書があれば、法定相続分にかかわらず、遺言書の内容に基づいて相続することもできます。

しかし、それでは不公平になるケースも出てきます。

例えば、二次相続の際に息子が２人いたとして、遺言書で「財産はすべて長男に」と書かれていた場合、次男はどう思うでしょうか。場合によっては、「俺にも相続財産をもらえる権利がある！」と怒ってしまうでしょう。

次男が訴えているような権利を「遺留分」といいます。遺留分とは、一定の範囲の法定相続人に認められる、最低限の遺産取得分のことです。遺留分の割合は、直系尊属（親や祖父母など）のみが法定相続人になる場合には１／３、それ以外のケースでは１／２と定められています。

配偶者のみが相続する場合は１／２、配偶者と子ども１人の場合は、全体の遺留分が１／２なので、それを半分ずつ分けることになり、配偶者が１／４、子どもが１／４になります。配偶者も亡くなり、子どもが2人いる場合は、全体の遺留分の1／2をさらに半分に分けて、1／4ずつになります。

この遺留分を侵害されたときに求めることを、従来は「遺留分減殺請求」といっていました。

遺留分の減殺請求をすると、解決するまで財産は「共有」になってしまいます。そうなると、預貯金はもちろん、すべての相続財産が対象になるので、土地も建物なども共有になってしまいます。

現金だけなら分けやすいですが、不動産が共有になってしまうと問題は複雑化し、さらなるモメ事に発展しやすくなります。共有となっている土地を売ろうとしても、売り手が見つからない、見つかってもその金額が気に入らないなど、なかなか解決しません。

そこで今回の改正では、「遺留分制度の見直し」をして、土地の共有をせず、不足分をお金で請求する方法に一本化されました。これにより、土地建物の取得を考慮した遺留分の複雑な計算がなくなり、シンプルになりました。言葉は悪いですが、「手っ取り早くお金で決着がつけられるようにした」のです。そのほうがトラブルの解決が確実に早くなるからです。

審判にまで発展してしまうと長期化しやすいため、今回の改正で、話し合いで和解に結びつきやすくなるのではないかと期待しています。

遺言書の一部でパソコン使用が認められる

遺言とは、亡くなった人の意思を示したものであり、残された家族へのメッセージでもあります。遺言書が残されていれば、遺産分割協議はこの内容をもとにして進められます。

効力のある遺言書には、おもに「自筆証書遺言」「公正証書遺言」「秘密証書遺言」の３種類があります。

・自筆証書遺言

本人が遺言書の全文・日付・氏名を自分で書き、捺印《なついん》します。日付は、年月日が特定できなければなりません。

自筆証書遺言のメリットは、費用がかからず、簡単に作成でき、遺言書の内容やその存在そのものも秘密にできるということです。

・公正証書遺言

公証役場に出向いて、公証人のほかに2人以上の証人が立ち会って作成します。遺言の内容を本人が公証人に伝え、公証人がその内容を筆記します。その内容を本人と公証人が承認し、署名・捺印します。

メリットは記載に不備のない遺言書を作成できること。滅失・隠匿・偽造・変造の恐れもなく、安全で確実であることです。

・秘密証書遺言

自筆で署名・捺印したうえで封印した遺言書を公証役場に持って行き、2人以上の証人の立ち会いのもと、その遺言書の存在のみを公的に認定してもらう方法です。

今回の相続法の改正によって変わったのは、「自筆証書遺言」についてです。これまでよりも簡単に書き残せるようになりました。

自筆証書遺言では、財産の一覧をまとめて財産目録部分も自筆でおこなわれていましたが、不動産の表示を登記簿通りに記載することは素人《しろうと》には難しく、また預金や株式などの財産は作成後も数字や金融機関名・支店名などが更新されるため、そのたびに書き直さなくてはならず、負担が重かったのです。

そこで改正後は、財産目録部分に限り、パソコンなどで作成した目録や、通帳のコピーなど、自書によらない書面を添付することによっても作成が可能となりました。ただし、全ページに署名・捺印したものとする必要があります。

これで、情報の更新があっても、上書きすることができるようになったのです。これが「自筆証書遺言の方式緩和」です。

「法務局の自筆証書遺言保管制度」も今後スタートします。

説明したように、自筆証書遺言は手軽に書ける半面、自分で保管するうちに紛失する可能性があり、なおかつ遺言書の存在自体を気づかれないという恐れもありました。

また保管制度がない場合、「本当に自筆なのか」という議論や、ともすれば存在している遺言書を捨てられてしまうこともあったのです。

そこでこうした問題によって相続争いが生じることを防ぐため、法務局で保管する制度ができ、この場合には「検認」が不要となりました。

遺言者の死亡後に、相続人は遺言書が保管されているかどうか調べること（「遺言書保管事実証明書」の交付請求）、遺言書の写しの交付を請求すること（「遺言書情報証明書」の交付請求）ができます。さらに、遺言書を保管している遺言書保管所において遺言書を閲覧することもできます。

なお、保管の対象となるのは、自筆証書による遺言書のみです。また遺言書は、封がされていない法務省令で定める様式に従って作成されたものでなければなりません。なお、遺言書の保管の申請、遺言書の閲覧請求などには、手数料を納める必要があります（具体的な手数料の金額は2020年7月10日の施行日までに定められます）。

それでも遺言を書く人が少ない理由

とはいえ、実際に遺言を書いている人は10％程度であることはすでにお話ししました。遺言を書くメリットは多いですし、とてもいい制度であるはずなのに、なぜこれほどまでに少ないのでしょうか。

まず、手続きや書式が面倒ということもあるでしょう。年を重ねるほど、新しいことをするのが億劫《おっくう》になるからです。

しかしそれ以上に、遺言を書くことはご本人にとって「自分の死と向き合うこと」だから気が進まない、というのが本音ではないでしょうか。人間はいくつになっても自分の死を見つめたくはありません。まだまだ元気で、充実した人生を送りたいのに、わざわざ自分の人生の最後を前提とした行為はしたくないでしょう。

ましてや、遺言には本人にとってのメリットは、まったくといっていいほどないのです。「どうやったら（親に）遺言を書いてもらえますか」という質問を受けることもありますが、相続人にとってはメリットはあっても、被相続人であるご本人にメリットがなければ、法律が変わったところで、遺言を書く人は増えないでしょう。

ただ、一次相続に比べ、二次相続ではわずかに遺言を書く人は増えます。

一次相続で遺言書を作成した人の割合は、４年平均で８％でした。ところが二次相続では12％と、わずかですが増えています（２０１８年・税理士法人レガシィ調べ）。

これは、一次相続のときに遺言書はなかったものの、二次相続のときに遺言書が残されていたということを示しています。

どういうことかというと、一次相続のときの経験を踏まえて、残された配偶者が遺言書の必要性を感じて作成しておいたのではないでしょうか。また、子どもたちで争ってほしくないという思いから、親が作成しておいたのかもしれません。

なお、相続財産（課税価格）が5億円以上の場合は、ここ4年平均を見ても19％と、全体に比べて多い傾向があります。相続財産が多い場合、会社を経営していたり、不動産を持っていたりする人が多いので、遺言書を作成することでモメることを防ぎたいという思いが強いのでしょう。

ちなみに「おひとりさま」でも、遺言を書く人が増えています。この場合、血縁以外のところに財産を残すため、というケースが多々あります。

配偶者も子どももいない場合、甥《おい》や姪《めい》がいればそこに財産が行くことになります。とてもかわいがっている甥や姪がいるならともかく、あまり親しくないところに財産が渡るよりも、寄付をしたり、自分と同じ志の仲間や後輩に受け渡したいと考え、遺言を残しているようです。

遺言書を作成する人は１割程度

●全体

① 2018 年と 4 年平均

遺言	2018 年割合	4 年平均割合
あり	9 %	10%
なし	91%	90%
合計	100%	100%

②過去 4 年間

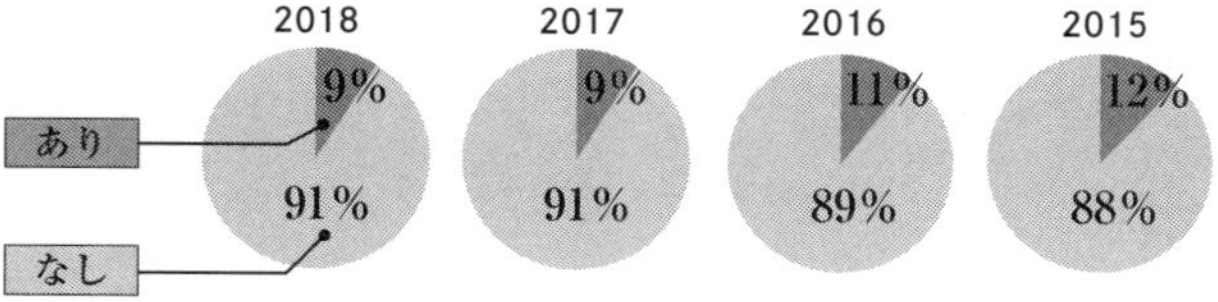

●課税価格 5 億円以上の場合

① 2018 年と 4 年平均

遺言	2018 年割合	4 年平均割合
あり	16%	19%
なし	84%	81%
合計	100%	100%

②過去 4 年間

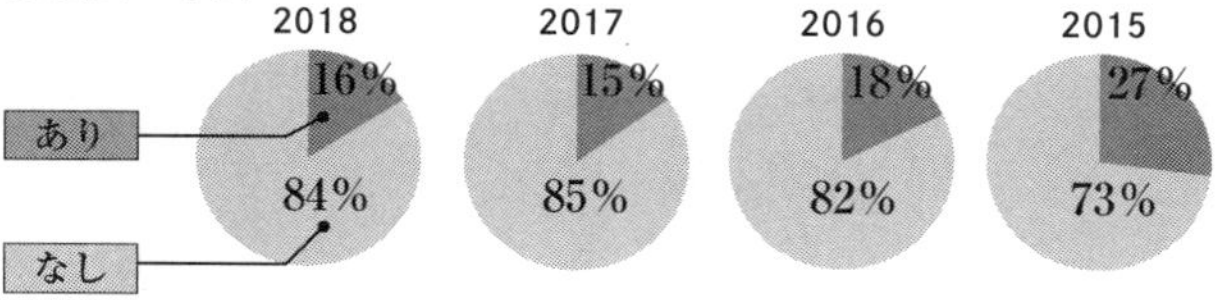

遺言書を作成する人は、全体データでは４年平均で 10%。課税価格５億円以上では 19%だが、遺言書を書く人は決して多くはない

（税理士法人レガシィ調べ）

コラム

今後増加する「デジタル遺産」の相続対策

パソコン、インターネットの普及により、相続の現場において「デジタル遺産」が登場するようになりました。デジタル遺産には、

・写真
・インターネットのアカウント
・銀行口座
・フェイスブック、ツイッター、インスタグラムなど
・家計簿ソフト
・サブスクリプションサービス（定額料金でサービスが受けられるもの。例：Amazonプライム、Netflix、Spotify、Huluといった音楽や動画配信、雑誌などのサービス）
・各種アプリ

などがあります。

今現在の相続ではまだ問題になっていませんが、今60歳あたりの方たちがあと20年

後、30年後に亡くなる頃には、多くのデジタル遺産が出てくることになるでしょう。

これからの「遺産」は家のなかにあるもの、目に見えるものだけでなく、スマートフォンやパソコン、タブレットの中身までチェックしなければなりません。

デジタル遺産の管理は、普通の遺産管理よりも大変です。スマートフォンのアプリ等で管理している人が増えていますが、それにはＩＤとパスワードが必要です。

配偶者であろうと子どもであろうと、ご本人がどのように管理をしていたかを知る由はありません。

また銀行口座や有価証券などの管理も、通帳や証書があればいいのですが、ネットバンクやネット証券などの場合、郵便物も来ないので、家族も知らない口座がある人もいます。

しかもその1つひとつにＩＤやパスワードが付いていますから、残された家族にとっては手がつけられません。たとえ被相続人が用意周到に、各種のＩＤやパスワードをどこかにわかるように残しておいてくれたとしても、その手続きは非常に面倒な作業になるでしょう。

ＩＤとパスワードがあふれ、自分でも管理ができていない人も多いのではないでしょうか。
システムエンジニアの経験がある私たちのスタッフの1人がおすすめしているのが、パスワードは4種類に絞るという方法です。その理由はパスワードの入力を間違ってもブロックされない回数の限度が4回だからだそうです。パスワードを忘れてしまっても、4つしかなければ、どれか試すうちにヒットするというわけです。

私たちの予想では、こうしたデジタル遺産を管理するアプリが、近い将来に開発されるのではないかと見ています。例えば1つのIDとパスワードを入れてボタンを押すだけですべてのデジタル遺産の情報が解除されるようなものが出てくるのではないでしょうか。

現に、私たちは相続のデジタル化を検討しています。
相続人のマイページをつくり、そこでご本人とスタッフがコミュニケーションをとれるようにします。またデジタル終活サービスや、家族のコミュニケーションツールにもなるようにと考えています。

◆第2章◆

「親の認知症」でやってはいけない相続

「親のため」と思ってもこんなやり方は逆効果！

認知症になったら「親のお金」はどうなる⁉

医学が発達して寿命が延びてきた半面、新しい問題が出てきました。それが「認知症」の問題です。認知症を会計学的にいうと、心臓の能力（耐用年数）より脳の能力（耐用年数）が早く弱まるようになったということになるでしょうか。

認知症が相続の現場でここまで問題になるとは、20年前まではなかなか想像できませんでした。

認知症の兆候があると「預金凍結」され、本人でも預金が引き出せなくなることがあります。預金凍結は、本人が亡くなったあとの話だけではないのです。

２０２５年には、認知症の人は７３０万人になるとされ、80歳以上の高齢者の２人に１人は認知症になるといわれていることはすでに述べました。その規模で預金凍結がされてしまったら、どれだけ大きな影響があるのでしょうか。

預金が凍結されるかどうかは、本人の認知症の度合いと、金融機関の判断によっても違います。認知症ということがわかると、実の子どもでも預金の引き出しができなくなることがあります。

銀行の窓口で、「最近、父親が認知症になってしまって、代わりに来ました」などといってしまうと、最悪の場合、お金が引き出せなくなってしまうかもしれないのです。

【ケース5】解約できるか⁉　軽度認知症の親の定期預金

軽度の認知症と診断された80代の母親が、有料老人ホームに入居することになりました。まとまったお金が必要になるので、一人娘である50代の娘さんは、母親が元気なうちに、母親名義の定期預金を解約し、普通預金に移しておこうと考えました。

足元がおぼつかない母親に付き添い、２人で緊張しながら金融機関の窓口へ行きました。幸い、母親の認知症はそれほど進んでいなかったので、担当者から問われた生年月日を答え、住所、氏名なども自分で書くことができ、無事に解約できました。そばで見守っていた娘さんは、気が気ではなかったそうです。

本人の意思確認ができなければ、たとえ子どもが付き添っていても、預金の払い出しを断られることもあるのです。

なぜ、金融機関は認知症になるとこのような反応をするのでしょうか。

それは、子どもであるきょうだいのモメ事に巻き込まれたくないからです。モメ事がなければ、別になんということもありません。親（本人）の預金であることは確かですし、代わりにその息子や娘が来ているのも確かなのですから。

ところがモメ事がある場合、あとで「どうしてあの人にお金を渡したんですか！」などと、訴えられる可能性はゼロではありません。そのような背景があることを知っておきましょう。

【ケース6】「私のお金盗ったでしょ？」といわれたら

認知症になると記憶力が低下します。身近な家族は、コミュニケーションのとり方にとまどうことが増えてきます。よくあるケースがご飯を食べたのに「まだ食べていない」とか、「財布を盗まれた」というもの。

認知症のケアをしている専門家によると、接し方のポイントは、「親を否定しない（いっていることを正さない)」「叱らない」「プライドを傷つけない」ことだといいます。

90代の母親を介護する60代の娘さんは、母親が何かにつけて「私のお財布がない。あなた、盗ったでしょ?」ということに辟易《へきえき》していました。しかしここで叱ってしまうと、母親はわけがわからず、叱られた不快感だけが残ります。

娘さんは穏やかに「それは大変! きっとどこかにあるはずだから、一緒に探そう」といって、一緒に探すフリをすることにしました。そして少し時間をおいて、母親が自分で見つけるように仕向けたそうです。

最初のうちは母親から理不尽に責められれば、腹が立つこともあるでしょう。そのようなときは、いったん気持ちを落ち着けてから向き合うようにすると、冷静に対処できることが多いようです。

認知症になると、親のお財布を管理したり、銀行通帳を預かったりすることもあるかもしれません。元気なうちに確認しておくことも大切ですが、認知症が進行してしまったあとも、親のプライドを傷つけないように振る舞いたいものですね。

認知症になる前にできる対策

親が認知症になってからでは取り返しのつかないこともあります。繰り返しになりますが、85歳を過ぎたら、2人に1人は認知症になるといわれています。

では相続に関して、認知症になる前に何かできることはあるのでしょうか。対策を3つ紹介しましょう。

【対策1】家族信託で預金管理を子どもに任せる

家族信託を一言でいうと、「親の預金管理を子どもに任せること」です。

かたい言葉で説明すれば、資産を持つ人が、特定の目的（例えば自分の老後の生活や介護などに必要な資金の管理や給付など）に従って、保有する預貯金や不動産、有価証券などを信頼できる家族に託し、管理や処分を任せる仕組みです。

家族信託というと難しく聞こえますが、年を重ねて自分の預金通帳の管理が億劫になってしまったときに子どもに任せることも、「預金に関して家族に信託した」ということになります。

先ほども説明したように、親が認知症などで判断能力を失ってしまうと、銀行は預貯金を凍結するため、子どもはお金を引き出すことができなくなります。資産が凍結されると、不動産の売却も叶わなくなり、例えば親が「自宅を売ったお金で老人ホームに入居する」と決めていたとしても、その資金が調達できなくなってしまいます。

そうなる前に本当に信頼できる家族に財産を管理してもらうことができるので、比較的誰でも気軽にできる手法ですが、口約束だけではもちろん成立しません。実際の手続きも複雑なため、税理士、弁護士、司法書士などが契約書を作成します。

家族信託をしておけば、財産の管理だけでなく、運用、処分もできます。例えば不動産を長男に託した場合、建物を建てるのか、壊すのか、人に貸すのか、その判断も託すということです。

よく、このあとお話しする「任意後見制度」との違いがわかりにくいといわれることがありますが、任意後見制度は財産の管理をすることはできても、家庭裁判所の許可がなければ処分することができないのが大きな違いです。

委託された子どもは、何にいくら使ったかを記録することが義務付けられています。これは不正に親の資産を使用することがないようにするためです。また、弁護士や司法書士などを監督人に指定し、領収書や口座残高をチェックしてもらうこともできます。

家族信託は、認知症対策に加えて、親に対して相続を話題にせずに、気分も害さずに相続対策をおこなうことができるというメリットもあります。

家族信託をしておけば、相続時に財産の凍結による資産価値の低下や、空室のリスクなどを防げ、相続の手続きもスムーズにできます。それに加えて、遺産分割協議もしやすいでしょう。

家族信託の手続きにかかる費用は一般的に70~80万円です。高いと思われるかもしれませんが、費用が発生するのはこの一度きりです。それに対して任意後見制度では毎月費用がかかりますから、親が長生きするのであれば、初期費用のみですむ家族信託のほうが得だといえます。

実際、私たちが家族信託をしたお子さんにお話を聞くと、「親が認知症になったとき、いざというときのための〝保険〟だと思ってやっています」とおっしゃる方が多いのです。

なお、親が介護施設に入居してからでも、意思能力があれば家族信託をすることができます。

【対策2】銀行の「代理人カード」をつくっておく

「家族信託までするのはちょっと……」という人への対策としては、普通預金口座の代理人カードがあります。

代理人カードとは、いってみれば「2枚目のキャッシュカード」です。口座名義人である親と一緒に銀行の窓口に出向き、代理人カードを申請すると、預金を代理で下ろすことができます。

代理人カードがつくれるのは、本人と生計を同一にする親族です。つくれる枚数は銀行によって違いますが、ほとんどが1～2枚です。

代理人カードがあれば、親自身がキャッシュカードを紛失したり、体調が悪くなって暗証番号を伝えられない状態になっても、家族はカードを使い続けることができます。もちろん、親が認知症になっても使い続けられます。

ただし、銀行ではキャッシュカードの種類によって、1日あたりの引き落とし限度額は決まっていますから、基本的に大きな金額は引き出せません。あらかじめ確認しておくといいでしょう。

なお、代理人カードは親である本人の意思に基づくものですので、親が亡くなった場合は口座が凍結され、同時に代理人カードも使用できなくなります。

【対策3】任意後見制度で認知症に備える

任意後見制度は、「私が認知症になったら子どもに任せます」という制度です。ただし、子どもに任せっぱなしではなく、裁判所による管理・監督がつきます。

「成年後見制度」には大きく分けて「任意後見制度」と「法定後見制度」の2種類があります。よくメディアなどで報道される「成年後見制度」は、2種類のうちの「法定後見制度」を指すことが多いようです。2種類の違いは、「任意後見制度」が将来、認知症などで判断能力が低下した場合に備えて後見人を決めて契約するのに対して、「法定後見制度」は、実際に判断能力が低下してきた場合、裁判所に申し立てることによりはじまる制度です。

制度をいつ利用するかによって違う、と考えればわかりやすいでしょう。つまり認知症になる「前」に利用できるのが任意後見制度、「あと」に利用できるのが「法定後見制度」というわけです。

判断能力が衰える前に、本人が「この人に任せる」と決めて契約するわけですから、後見人は本当に信頼できる人、ということになります。現実的に後見人になるのは、ほとんどが子どもです。

任意後見契約の内容は自由であり、本人が元気なうちに契約できるため、本人の希望も十分反映できます。老後の備えとしてはメリットが多いでしょう。

本来ならもっと利用する人が増えてもよさそうなのですが、現状は判断能力のある親が、自主的に任意後見制度をはじめることはそう多くはありません。考えてみれば当然で、本人がまだ元気で、判断能力があるのに、わざわざ後見人を立てようとは思わないのです。必要が生じない限り、なかなか動かないものなのでしょう。

家族にとってはメリットが多いように思える任意後見制度ですが、実はデメリットもあります。

1つ目は、家族信託とは異なり、初期費用だけではすまないこと。弁護士らが監督になるため、報酬を支払い続けることになります。目安としては月5、6万円になることが多いようです。ご本人が亡くなるまで続くため、期間が長引けばその分、お金がかかることになります。

2つ目は、契約時に記載していない権利は使えないことです。つまり、途中で契約内容を変更したり、追加したりすることはできません。

例えば途中で本人の認知症が進み、代理権の内容を追加したいと思っても、それは叶わないことになります。そうなってしまうと、後述する「法定後見制度」に頼る必要も出てくるでしょう。

3つ目は、取消権がないことです。本人がしてしまった契約などの法律行為は、任意後見人が取り消すことはできません。例えば、元気だった父親の認知症が進んでしまい、不当な契約をしてしまった場合、任意後見人にはそれを取り消す権利はなく、財産を保護できないことになります。

「切り出し方」を間違うと取り返しがつかない

ここまで、認知症になる前にできる対策を３つ紹介しました。

でも本当に大切なのは、対策そのものよりも、対策を打つ前の親子のコミュニケーションです。要は「入り口」が大事なのです。

ここを失敗してしまったら、対策を打てるどころか、親子関係にヒビが入りかねません。

知人の話やマスコミの情報にあおられ、いきなり親に相続対策を迫るなどもってのほかです。

「認知症になったら困るから」などと、子どもがいきなり財産管理の話を持ち出すことも少なくないようです。私たちのお客様でも、子どもにこのようにいわれて、「不快だった」「頭にきた」とおっしゃる方がいました。

しかし、怒るのならまだいいほう。本当に怖いのは、子どもにそんなふうに切り出されたと、冷ややかにお話しされるケースです。一気に親御さんの気持ちが冷めてしまうのです。

親からすれば、「私の財産を狙っているのか！」と怒るよりもむしろ、「なんでこの子は、（認知症に）なるかならないかわからないのに、悪いほうに予測してこんなことをいうのだろう。もっとほかにいうことはないのか」と悲しくなってしまうようです。

もちろん子どもの立場から考えたら、認知症になってからでは遅いと、心配になる気持ちもわかります。しかし、いわれたときの親の気持ちを考えてみてください。自分の親であるという甘えから、つい遠慮のない言葉を発してしまいがちですが、相手は80代、90代の高齢者なのです。親ではない高齢者に、同じようなことをいえるでしょうか?

相手の立場を考えずにものをいうと、傷つける会話になりがちです。たとえ直接的ではなくても、

「2025年に認知症患者が700万人を超えるんだって」

「2人に1人はなるらしいよ」

こんなことを母親にいったら、「お母さんもなるかもね」といっていることと同じです。

子どもである50代、60代の人にとっては、「老後」も「相続」も「認知症」もまだまだ他人事です。子どもの本音をいえば、

「認知症になると預金が凍結されるらしいから、なんとかしないと」

「親にもっと危機感を持ってもらいたい」

「何かあってからでは困る」

といったところでしょう。

繰り返しになりますが、大事なのは親への切り出し方です。おすすめの聞き方は、「お父さん（お母さん）、最近、何か億劫なこと、ある？」です。

こう聞かれたら、親は「不動産管理が億劫で」「預金の管理が億劫よ」などと答えてくれるかもしれません。

そうしたら「じゃあ代わりにやってあげようか？」といいやすいですね。

親子のコミュニケーションについては、第４章でも詳しくお話しします。

あえて名義預金にしてお金を移動させる奥の手

さてここでもう１つ、認知症になる前の対策として、新たに考えた案を紹介しましょう。

原則として、親のお金を子どもの名義預金にすると、税金がかかってしまいます。

名義預金とは、その預金の名義となっている人が実際に預金をしているのではなく、その名義人の名義により、別の人が預金をしていることをいいます。

よくあるのは、子どもや孫の名義で、親や祖父母が口座を開設し、親や祖父母などが預金をするケースです。子どもが生まれたときから預金をはじめて、子どもが大きくなってから通帳を渡す、などということもよく聞く話です。

ここでご紹介するのは、80代、90代の親のお金を、〝あえて〟50代、60代の子どもの名義預金にする方法です。

【ケース7】親の介護施設入居を見据えて事前に預金を移す

50代の長男は、父親と母親に相談し、あらかじめ財産の管理をすることになりました。そして、いざ大金が必要だというときに身動きがとれなくなることを避けるために、父親が元気なうちに、父親のお金を長男の口座に移しておくことにしたのです。

それは相続税の観点では父親の財産になりますが、銀行の観点では預金を移しているので、使うのは自由です。

そして、〝そのとき〟はやってきました。80代の父親が介護施設に入居することになったのです。入居には大きなお金が必要です。

でも慌てることはありません。あらかじめ移しておいたお金で、スムーズに介護施設に入居することができました。

このように、いざというときのためにあらかじめ使えるようにしておく方法もあります。そして介護施設の入居のように、使える用途があれば使えばいいのです。父親本人のために使うお金ですから、後ろめたいことは何もありません。

父親が亡くなり、相続税の税務調査がおこなわれる際に、名義預金が問題になることはよくあります。税務署に名義預金とみなされると、預金口座の残高は相続税の課税対象になってしまいます。もしも税理士に「それは名義預金ですよ」と指摘されたら、税金を払うことになります。

しかし、お金が残っているから税金がかかるわけです。そのお金を父親のために使ってしまえば税金はかかりません。このような方法も、１つの手なのではないでしょうか。

認知症になったあとでも打つ手はある！

ここまで認知症になる「前」の対策をいくつか紹介してきました。では、認知症になった「あと」に何かできることはないのでしょうか。

先ほどもお話ししたように、本人が認知症になってしまう（判断能力が十分でない）と、預金口座が凍結されてしまうことがあります。

親が認知症になり、預金口座が凍結されてしまってから解除する方法はただ1つ。それが2種類ある成年後見制度のうちの「法定後見制度」（以下、一般的に浸透している「成年後見制度」と記述します）です。

成年後見制度とは、家庭裁判所に申し立てをおこない、家庭裁判所が選んだ後見人が財産を管理する制度です。

後見人は、凍結された口座からお金を下ろすことはもちろん、不動産の売却などもできます。実際は、本人の判断能力が低下し、財産の管理ができない、不動産の売却ができない、介護サービスや介護施設の利用契約を結べないなどの現実に直面し、子どもなどの親族が申し立てをすることで制度の利用がはじまることが多いようです。

ただ、この申し立ての手続きは非常に煩雑《はんざつ》で、手間も時間もかかります。

私たちが実際に成年後見制度を利用している人に話を聞くと、かなり大変だといいます。

「いつも拘束されているような気がする」ともおっしゃっていました。

成年後見人に選ばれるのは、弁護士や司法書士などの専門職の人たちがほとんどで、子どもなど親族が成年後見人になれる確率は低いのです。第三者が後見人になれば、定期的に報酬が発生します。

たとえ子どもなどの親族が後見人になったとしても、自由に財産を使用できるわけではなく、常に裁判所のチェックが入ります。大きなお金の使用には裁判所の許可も必要で、正当な理由がなければ許可されません。

親の入院や、介護施設への入居など、大きなお金を動かす場合にももちろん、裁判所の許可が必要になります。

しかし、一度この制度を利用してしまえば、不便でも従わざるを得ません。

成年後見制度は、判断能力が低下した本人を手厚く保護できる一方で、先に説明した任意後見制度に比べると柔軟性が低く、正直なところ、家族にとっては面倒な手続きが増えることが多いようです。

ただし、日々の食材や消耗品など、ＡＴＭで下ろせるくらいの小さなお金であれば、子どもが代理で対応することは可能です。

父親が認知症になったあるご家庭では、娘さんが父親のキャッシュカードを預かり、週に１回まとめて買い出しをしてあげているそうです（もちろん事前に暗証番号を聞いておくことが必須です)。

また75ページで説明したように、代理人カードを作成し、子どもがそれを使用すれば、同じようにATMで生活費程度のお金を引き出すこともできます。

ある程度子どもにお金の余裕があるケースでは、もう1つの考え方として、「相続まで待つ」という方法もあります。

認知症などで親の判断能力がなくなってしまったあと、実際に大きなお金が動くのは入院か、介護施設に入るときくらいです。入院費用に関しては、75歳以上では医療費の自己負担も1割です(現役並みの収入がある人は3割)。また、1カ月にかかった医療費の自己負担額が高額になってしまった場合には、高額療養費制度も利用できます。

子どものほうで、親の入院や介護施設の入居にかかるお金がまかなえそうであれば、親のお金を使うことはひとまず諦めて建て替えておき、相続まで待つことも検討してみてはいかがでしょうか。

「認知症の親の家計簿」をつくることのメリット

前項で、生活費など、ＡＴＭで下ろせるくらいの小さなお金を出し入れしている娘さんの話をしました。

このときに注意が必要なのは、きょうだいとの情報共有です。親のお金を代表して管理している子どもが１人いる場合、そのほかのきょうだいに、何にいくら使ったかを明らかにできるように準備しておきましょう。

もちろん、きょうだい間に信頼関係が築かれていれば、「何に使っているか見せろ」とはいわないかもしれませんが、いざというとき、大金が必要になったときなど、今までのお金の出し入れが明確になっていれば安心です。

そこで私たちがおすすめしているのが、家計簿ソフトで親のお金を管理すること。

面倒な部分はあるかもしれませんが、家計簿ソフトで親のお金の細かい出し入れを明らかにしておき、きょうだい間で情報を共有しておくのです。そうすれば、トラブルを未然に防ぐこともできます。

家計簿ソフトは無料のものもありますし、紙のものと違って、きょうだいとも共有しやすいのがメリットです。

【ケース8】きょうだいで情報を共有していなかったばかりに……

90代の母親が認知症になり、同居している長男が母親のお金の管理をしているケースです。きょうだいは次男と長女がいます。

長男は母親の介護サービスに必要な費用や、日々の生活費など、親にかかるお金はすべて母親の預金から使っていました。ただ、その明細については、ほかのきょうだいと情報共有をしていませんでした。

モメたのは母親が亡くなったときです。

次男と長女が母親の預金通帳を調べ、1つひとつ、「このお金はなんだ?」「何に使ったの?」と問いただしはじめたのです。なかには大きなお金の引き出しもあったため、「母親は、長男のいいなりになって、いいように使われていたのではないか」と次男と長女の疑念は膨らみ、ついには弁護士を立てて裁判で争うことになりました。そして1つひとつのお金の用途を調べることになったのです。

結局、長男には不審な点はまったくなく、すべて母親のために使っていたことがわかりました。

ただ、これも長男が最初からお金の用途を明らかにし、きょうだいで情報を共有していたら起こらなかったことです。裁判にかかった費用や、そのあとに残ったきょうだい間のしこりを考えると、非常にもったいないことだったと思います。

第三者に入ってもらうことも大切

もう1つ、遺言書をめぐってモメたケースをご紹介しましょう。

【ケース9】その遺言書は、認知症になる「前」か「あと」か？

認知症になった父親が亡くなりました。亡くなったあと、遺言書が残されていたことがわかりました。その遺言書の是非をめぐって、長男と次男の争いは起こりました。

遺言書は、明らかに長男を優遇した内容だったのです。

怒ったのは次男です。その遺言書が無効なのではないかと、裁判で争うことになりました。つまり、その遺言書が父親が認知症になる「前」ではなく「あと」に書かれたものではないか、父親には意思能力がなかったのではないかというのです。

父親に意思能力があったかどうかは、当時の担当医がいちばんよくわかっているはずです。ところが、担当医であった医師は、証人喚問を拒否しました。争い事に巻き込まれたくなかったのでしょう。その気持ちもわからなくはありません。

本業とはまったく違うところで時間をとられ、重要な証言を迫られるのですから。

裁判では、その医師が書いたカルテを見て争うことになります。原告側（次男側）が連れてきた医師がカルテを見て、「すでに認知症であったことに間違いない」といえば、長男側の医師が「このカルテでは認知症とはいえない」という、意見書同士の戦いになりました。結局、本当のところはわからないのです。

相続を担当させていただいた私たちも、ご本人を近くで見ていましたし、長男とも親しくさせていただいていましたから、事実はいちばんよくわかっていました。しかし、この〝長男と親しい〟という理由で、証人にはなりえないといわれました。

私たちがこのケースで学んだのは、家族の1人と利害関係があると、それは仲間とみなされてしまうということです。

このような場合、銀行や証券会社の担当者など、利害関係のなさそうな第三者を巻き込むことも大切だと痛感したケースでした。

相続の現場から見た、認知症になりやすい人、なりにくい人

私たちは仕事柄、ご高齢の親御さんとたくさん接しています。長いおつきあいをしていくなかで、認知症を発症された方もいらっしゃいます。

私たちが相続の専門家として今までいろいろな相談事例を見てきたなかで、認知症になりやすい人、なりにくい人の傾向は、確かにあると感じています。もちろん個人差はありますが、現場の感覚としてまとめてみたいと思います。

認知症になりにくい人の傾向

・仕事を続けている人

・経済的な不安がある人
・孫の面倒を見る必要がある人
・夫の世話（介護など）をしている妻
・人とのつながりを持っている人
・楽しいものがある人（趣味、仕事、家庭など）

端的にいえば、「適度なストレスがある人」が認知症になりにくい印象があります。仕事を持っていたり、多少なりともお金の心配がある人は、緊張感もあります。

また、娘さんが多忙な仕事をしていたり、同じくシングルマザーだったりして、どうしても孫の面倒を見なければならない人も元気です。体力的にも孫の世話は大変ですが、誰かに必要とされていることは、認知症予防にとても重要なポイントだと思います。

認知症になりやすい人の傾向

・定年退職後、ゆっくり過ごし、自宅でテレビ鑑賞三昧《ざんまい》の人
・お金に困っていない人
・子どもがみんな自立している人

・夫がすでに亡くなっている妻
・仕事以外につながりが少なく、趣味がないため、自宅に引きこもりがちな人

認知症になりにくい人の逆になりますが、要は、お金にも困らず、不自由もなく、ストレスフリーに暮らしている人です。お子さんも立派に自立されていて、うらやましい面もありますが、一方で緊張感や生きがいがなく、趣味もなく外に出ない毎日が続くと、認知症へのスピードを速めてしまうのではないでしょうか。

次のケースは、知人から聞いた話です。元気のもと、ストレスのもとがあったほうが、人はいきいきとすることがわかるエピソードです。

【ケース10】４年間の落ち込みから、ひとりビジネス立ち上げへ

70歳の男性Aさんは、30歳のときに自分で創業した会社を65歳で売りました。ずいぶん迷ったそうですが、後継者がいないこと、時代を読むと未来はなかなか厳しいだろうことを考え、丸ごと売却したのです。

昨今、騒がれている老後の年金問題をクリアできるほどの資産は十分残っていて、あと

30年、100歳まで生きても十分なくらいです。

多忙だった現役時代に比べ、時間があることはとても嬉しかったのですが、その嬉しさも束の間でした。

好きだったゴルフも毎日行けるとなると気が萎《な》えてしまい、会社に行く必要もなく、行くところといえば図書館、友だちの家、カフェ、旅行。これまで仕事一筋でやってきたので、あまりほかのことに興味が湧かず、打ち込む趣味もありませんでした。

ところが、会社を売ってから4年が経ち、友人の誘いで今流行の「レンタルオフィス」に通うようになってから、道が開けました。あるのは自分の机のみ。オフィス内のカフェには創業したばかりの人やフリーランサーであふれ、交流が楽しかったそうです。

コーヒーやビールを飲みながら、若い人の相談に乗るうちに、次のビジネスアイデアも湧いてきました。今ではいきいきとひとりビジネスを楽しんでいるそうです。

コラム

糖尿病対策で認知症を防ぐ

序章でも少し触れましたが、糖尿病の人は認知症になるリスクが高いことがわかっています。

実はレガシィ代表社員の天野も先日、糖尿病と診断されました。糖尿病教室に通い、いろいろと対策を学んできました。毎日食事管理ノートをつけ、空腹時血糖値を測り、食べ過ぎにも気をつけています。その結果、正常値に戻って、ひと安心といったところです。

２０１７年の厚生労働省の発表によると、糖尿病の患者数は過去最多の３２８万人超になり、今や国民病の１つです。ということは、認知症予備軍もそれだけいるということになります。

糖尿病で怖いのは合併症です。糖尿病の合併症には神経障害、腎臓障害、網膜症の３つがあり、糖尿病腎症は人工透析が必要になってしまいます。

甘いものや糖質のとりすぎもよくないので、食事のコントロールとともに、適度な運動も大切です。

認知症予防に取り組むのは難しいと思われる方もいるかもしれませんが、糖尿病を予防するための対策なら、取り組みやすいものがいくらでもあります。

相続の視点から見ても、認知症になる「前」の対策が大切です。なった「あと」では面倒なことが増えてしまいます。

今からでも遅くありません。親子で生活習慣を見直して、認知症を予防しましょう。

第3章

「親の介護」でやってはいけない相続

カギを握るきょうだいの情報共有

「介護した人」への貢献度が認められた相続法改正

第1章でも触れた「相続人以外の親族の特別寄与制度の創設」は、今回の相続法改正でも、とても注目度が高いものです。

法定相続人ではない長男の嫁など、介護や看護をした人への貢献が法的にも認められたという意味では、非常に画期的なことでしょう。要は相続人以外にも介護の貢献分を現金請求することが可能になったのです。

しかし、その金額は「日当」程度です。

例えば長男の嫁が義母を10年間介護していたとします。日当2000円として計算すると、

「日当2000円×365日×10年＝730万円」

になります。

これを高いと見るか、安いと見るかは人それぞれ、そのご家庭それぞれでも意見が分かれることでしょう。

実際、多くの犠牲を払い、義父母を介護し続けても、その貢献に見合った相続がおこなわれることはまずありません。介護を手伝うことがなかった実の子どもたちや親戚とモメた末に、介護者（おもにお嫁さん）が涙を飲むことがほとんどだったのです。

そういった意味では今回の改正で、現金請求が可能になっただけでも大きな前進です。

ただ、認められるには、「付き添い看護を頼まずにすんだ」「介護施設に入居せずに自宅で介護することができた」など、介護や看護をしたことによって、被相続人（義父母など）のお金を使わずにすんだケースや、無報酬かそれに近い状態で介護を続けたなど、お金で計算できるような働きがある場合になります。

介護をしたほうからすれば、お金を使わずにすんだことよりも、「介護をするのは精神的なストレスが高く、自分の時間を犠牲にして大変だった」といった精神的な負担について、報われないという思いが強いのではないでしょうか。

しかし、残念ながら精神的な負担だけでは、認められないこともあるのです。

しかも、寄与料を受けるには相続人全員の同意が必要です。

ほかの相続人がそれを認めない場合は裁判等になり、時間、お金、労力をかけて戦うことになります。果たして、そうまでして戦ってどれだけもらえるのでしょうか。割に合わない気もします。そのうえ、（夫の）きょうだいにケンカを売る形になってしまい、あと味も悪いでしょう。

訴える前にきょうだいが寄与料を認めさえすれば、そもそも戦う必要はありません。今までは、お嫁さん側も「お金がほしくて介護をしてきたわけではないから、金銭までは求めません」ということで収まっていたことですが、これからは少し違ってくるかもしれません。

まだ改正されたばかりなので、実際にどれくらいの人が金銭請求をおこなうかは未知数ですが、いずれにしろ、法律で認められたことは大きな進歩であることは間違いありません。

「寄与分」での支払いは妥当なのか

私たちは、今回の相続法の改正に関する中間試案の時点で、意見書を提出しました。

当時、「嫁の特別寄与制度」については、「相続人以外の者の貢献を考慮するための方策」ということで進んでいました。

そのなかで私たちは、基本的に貢献した者に何らかの考慮をすることに賛同しましたが、さらにお嫁さんなど介護に貢献した人には、子どもの相続分の1／2（相続人が2人の子どものとき）に相当する相続分を有する相続人としての地位にするべきだと意見しました。つまり、「1／4分をお嫁さんに法定相続として相続させてあげてはどうですか」と意見したのです。

法定相続として権利にすれば、話し合いも早いですし、モメ事も減るでしょう。誰かの分を取ることになるから、モメるのです。ただ、相続分としては多すぎると判断されたのでしょう。残念ながら、この提案は通りませんでした。

しかし、私たち現場を見ている者としては、それくらいお嫁さんにあげてもバチは当たらない、というのが実感です。それほどまでに、実際の介護は大変なのです。

相続の専門家である私たちから見て、親が亡くなる前にいちばん大変なことは介護です。その介護で最も貢献した人に経済的な配分がないのは、いかがなものでしょうか。

特に在宅介護の場合は、昼夜を問わず24時間拘束されているのが現実です。心身への負担は想像以上だと思われます。

【ケース11】介護をしても報われなかった長男夫婦

父親が90代で亡くなりました。それまで介護していたのは、同居する長男夫婦です。ほかにきょうだいは次男と長女がいましたが、離れて暮らしていて、実家に帰ってくるのは年に1回あるかないかという程度でした。

次男と長女は、最初のうちは長男夫婦をねぎらっていましたが、父親が亡くなり、相続の段階になって雲行きが怪しくなってきました。

父親の財産は多くが自宅の不動産で、預貯金はそれほど多くありませんでした。遺産分割協議で長男が、「長いこと同居をして家を守り、介護も続けてきたので、介護分を考慮してほしい」と伝えたところ、次男と長女が反発。

「自宅の遺産だけでも半分以上あるのだから、兄貴はもらいすぎだ」

「預貯金だけでは到底足りない」

「私たちは自分で家を建てて、お金もかかっている。お兄さんは自宅で暮らせた分、浮いたお金もあるはず。もっと私たちに分けるべきだ」

結局、裁判で争うことになり、長男は土地の一部を売って、次男と長女に平等に分けることにしました。長男夫婦の介護の寄与分など、到底もらうことはできなかったのです。

きょうだいという最大の利害関係者

私たちが常々お伝えしているのが、「最大の利害関係者はきょうだい」ということです。血を分けた身内だけに遠慮がなく、争えば深みにはまり、ドロ沼状態になりやすいのです。

長男が両親と同居していてもモメることがあるのですから、長男夫婦が別居していればなおさらです。まして、長男夫婦は別居していて、長女や次女が同居している場合は、ますますややこしくなります。

やはり大切なのは、日頃のきょうだいのコミュニケーションでしょう。普段から長男または長女がほかのきょうだいの意見を聞きながら、なんとかまとめていこうという姿勢があれば、モメ事も減るのではないでしょうか。

本家という言葉は死語になりつつありますが、相続の世界ではまだまだ生きています。

モメないケースでは、長男夫婦などの本家は何かと気を使っています。

きょうだい構成は、生まれてしまえば決して変えることはできません。長男や長女など、誰かがリーダーシップをとり、役割分担が自然にできているきょうだいは、比較的うまくいっているようです。

同居している長男夫婦で、親の介護をしていた場合、内心では多く相続するのがもっともだと思っていても、何かあるたびに長女や次男に相談することが大切です。それも、親が元気なうちからです。

「お父さんが糖尿病になって透析を受けることになったんだけど」

「病院の送り迎えが増えるから、親が乗り降りしやすい車に買い替えたいんだけど」

などといったことも、何かにつけて話しておきます。

きょうだいが利害関係者だからといって、敵対するのは愚かなことです。きょうだいは味方につけてしまえば、これほど心強いものはありません。

きょうだいというものは、親が健在なうちは交流がありますが、両親がともに亡くなって、二次相続が終われば、疎遠になってしまうこともあります。だからこそ、普段から密に連絡をとっておくべきでしょう。

きょうだいとのつきあい方については、第４章でも詳しくお話しします。

「親の介護費用で月４万円負担」は高い？

介護サービスを利用している人は実感があるかもしれませんが、介護はお金ではなかなか換算できないところがあります。

なぜ私たちが介護をした人の貢献度に対して、「子どもの相続分の１／２に相当する相続分にするべきだ」と意見書を出したのか。その根拠は現場で得た感覚からにほかなりません。

あるネットサイトにこのような相談の投稿がありました。次男の妻からの投稿です。一部改変してご紹介します。

「私は東北地方で次男である夫と夫婦２人で暮らしています。東京には夫の兄夫婦が子どもと３人で暮らしています。義母は現在、九州でひとり暮らしをしています。その義母に認知症の症状が出てきました。義兄は『母を東京に引き取りたい』といってきました。ここまではよかったのですが、私たち夫婦に金銭的支援を4万円求めてきたのです。義兄が4万円、夫（相談者の夫）が4万円、義母本人が3万円負担するとのこと。

私としては、月に4万円も払わなければならないのかと、疑問に思っています。金銭的支援をしている方は、どれくらい払われていますか？」


みなさんはこの投稿を読んでどう思われましたか？

この金銭的支援の不満に対する回答の多くは、相談者に対する反論、批判でした。

「義兄が面倒を見てくれるのなら、金銭的負担は100％あなたがしてもいいくらいです。4万円払うのが嫌なら、あなたが介護をすべきでは？」

「4万円で不満を持っているあなたにびっくりしました」

「4万円が惜しいなら、あなたが義母を引き取りましょう。私なら、わずか4万円で介護を丸投げできるなら、喜んでそうすると思います」

「認知症になり家で介護をするようになれば、昼夜を問わず起こされることもあり、神経も休まりません。お金を送金するだけのあなたに、何がわかるのですか？」

このように反論した人の多くは、介護経験者ではないかと思われます。介護を経験した人の実感の声にはかないません。介護をやらないことで助かった、と思うよりも、４万円払うのが惜しいと思うほうがおかしい、という論理です。

ここにこそ、介護の問題を解決する原点があると私たちは思ったのです。

ここでの相談では実費の負担でしたが、今回の相続法の改正「嫁の特別寄与制度」では、「介護の精神的負担を金銭で補ってあげよう」という考え方が根底にあります。介護を経験した人は、お金の問題ではないというかもしれませんが、やはり、お金をもらうことで報われる部分が大きいのです。

介護でモメないための事前対策

「大切な父親、母親の介護をするのに、なぜ家族でモメてしまうことが多いの？」

介護を経験していない方は、このような疑問を持つかもしれません。

でも、前項でも紹介したように、実際に介護（特に同居で）をした方にしかわからない大変な負担があるのです。

介護をしていれば、自分の時間をとられ、行動が制限されてしまうことはもちろん、肉体的な負担、精神的な負担、そして経済的な負担もあります。

介護には大きく分けて3つあります。

それが「身体の介護」「心の介護」「資産の介護」です。

「介護」と聞いて、誰もが思い浮かべるのが「身体の介護」でしょう。代表的なものは排《はい》泄《せつ》・入浴・脱衣などの介護です。これはヘルパーさんの助けを求めることができます。さらには、介護施設の援助を受けることもできます。

「心の介護」は、介護される人が孤独感や疑心暗鬼にならないための心のケアのことを指します。心の介護とは、寄り添うこと。心の介護ができるのは、家族です。

そして「資産の介護」。預貯金の出入りや、だまされないためのケアです。先に紹介した家族信託などや任意後見などの制度もあり、家族に託すか、もしくは私たちのような専門家のアドバイスを受けることができます。

このなかで、家族にしかできないものは、「心の介護」だけです。

このことを知ったうえで、介護でモメないための事前対策を考えてみましょう。

理想的なのは、介護がはじまる前、健康なうちにきょうだい間で話し合っておくことです。

ただ、親が元気なうちは、なかなかそこまではできないのが現実でしょう。となれば次の段階は、「介護がはじまる段階」で話し合うことです。

親に認知症の症状が見られた、転んで骨折をしたなど、いよいよ介護が必要となったら、すぐに話し合いましょう。

実はこれこそが、あとあと相続でモメ事をつくらない最大のポイントといってもいいでしょう。ただ漫然と話し合うのではなく、具体的に話し合うことが大切です。

例えば、

・ヘルパーさんとの窓口になるのは誰か
・ヘルパーさんではまかないきれない世話（ヘルパーさんが来ない日の買い物、掃除、料理など）をする必要があるか、あるなら誰がやるか
・デイサービスなどに通う場合、誰が連絡などのやりとりをするか
・(介護にかかるお金を計算したうえで、親のお金でまかないきれない場合）誰が月いくら払うか

・病院への付き添いや送り迎えは誰がやるか
・親の財産管理は誰がやるか

など、細かく挙げればたくさんあります。

お金の問題はなかなか話しづらいかもしれませんが、ここでこじれれば、相続時に金銭請求をする（される）ことになりかねません。

実務を担う私たちから見た場合、「嫁の特別寄与制度」を使うのは、あくまでも「最後の手段」です。介護をした長男夫婦がきょうだいに金銭的請求を訴えるのは、ほかに打つ手がないとき、ということです。

ただし、介護はその都度、状況が変わるものです。介護度が上がったり、必要なケアが増えたり、入院したり、施設に入居することもあるでしょう。

「そんな話は聞いてない」
「兄貴が勝手に施設に入れることを決めたんじゃないか」

などということのないように、その時々できょうだいで情報を共有し、コミュニケーションをとることが大切です。

介護のある相続の「落としどころ」とは

実際、きょうだいで介護について相談する際、どのように話を持っていったらいいのでしょうか。

きょうだいとはいえ、盆暮れ正月くらいしか顔を合わせないケースも多く、遠方に住んでいて直接話し合うことが難しい人も多いでしょう。

介護の状況をこまめに報告し、情報を共有するのに便利なのがＬＩＮＥなどのツールです。こういったツールを積極的に使って、こまめに情報をシェアしましょう。

ただ、このようなやりとりは比較的女性のほうが得意で、男性はマメにやりとりするのが苦手な傾向があります。詳しくは第４章でお話ししますが、苦手意識は持たずに、ルールを決めて、気長にやることが大切です。

例えば、介護にかかるお金に関することで話し合ったとしましょう。

きょうだいによって、経済的な余裕に差があることも珍しくありません。話し合いによって、長男が介護費用を負担し、次男が払えないとなった場合、「長男が負担した分は、相続のときに調整しよう」ということもできます。

実際の介護を負担するのが長男の嫁であれば、この時点で相続のときに配慮してもらうようにする、月々の介護費用の一部は次男夫婦に負担してもらうなど、話し合っておくこともできるでしょう。

こういった話し合いが、介護が発生した時点でできていれば、モメ事は確実に減るはずです。

介護はそれぞれの家庭で状況も違えば、きょうだい構成も違い、介護度も違います。これがベスト、という正解はないのです。だからこそ、自分たちで落としどころを決めるしかありません。

そのタイミングが、前項でもお話しした「介護の必要が見えてきたとき」です。ここで落としどころをある程度決めておき、状況が変わるたびに話し合って情報を共有するのです。

そのときに大切なのが「相手の立場に立って考えること」。それが本当の意味での「共有」です。

長男なら「もし私が弟だったら」、弟なら「もし私が同居している兄の立場だったら」と考えてみる――これがなかなか、できそうでできません。相続の現場でも、「相手の立場に立って考える」ことができていたら、防げたトラブルがたくさんあっただろう、と想像します。

いくらもらったら介護するのか

ここで考えてみてください。あなたがもし、同居している父親や母親を介護することになったら、いくらもらえたら引き受けますか？　もちろん、介護はお金の問題だけではないことをわかったうえで、お聞きしています。

もっと上品な言葉に言い換えれば、あなたがおこなっている介護を金額にすると、１日いくらくらいに値するでしょうか？

２０１９年７月から、長男の嫁などが介護などで貢献をした場合、そして被相続人である父親（または母親）の財産の維持や増加に特別の寄与をした場合、相続人に対して金銭を請求できるようになったことは、お話ししてきた通りです。

では実際に金銭請求をした場合、いくらくらいもらえるのでしょうか。現時点では、おそらく日当で計算することになるだろうといわれています。

その金額が日当4000~8000円くらいではないかと予想されています。

この数字を見て、どう思われますか？　満足できる金額でしょうか。十分すぎる金額でしょうか。ちょっと考えてみてください。

時給にするといくらになるでしょう。日当8000円だとしても、10時間で換算したら、時給800円です。8時間でも時給1000円です。実際の介護では、夜中に起こされたり、土日も変わらず介護をしなければなりません。

このように時給換算すると、日当ではあまりにも気の毒だという考え方もあります。払う側からすると、日当6000円だとしても、それが1カ月では18万円、日当8000円なら24万円になります。かなり高額だと感じるでしょう。

しかし相続の専門家の実感としては、日当をもらっても介護をしたい人は誰もいません。現に介護会社の方に聞くと、人件費をかけてスタッフを募集しても応募者が少ないそうです。真面目に働いている方は、お金ではなく、誰かの役に立ちたいという気持ちで仕事をやられているといいます。家族も同じような気持ちで介護ができればいいのですが、仕事として引き受けるよりも、むしろ難しいのでしょう。

では、どうすればいいのでしょうか。

「介護をしない人はその分の対価を支払う」。これも1つの解決策でしょう。

例えば月額６万円渡す場合。月６万円というと、負担が大きいと思うかもしれませんが、日当で計算すると「30日×２０００円＝６万円」ですから、日当２０００円になります。

また前項でもお話ししたように、毎月６万円支払うのが厳しい場合は、相続財産のなかから、介護をしない相続人が介護をした相続人に譲ることを同意する、という解決策もあります。

【ケース12】妻に先立たれ再婚した父の相続の行方

妻に先立たれた父親が、晩年になって「再婚をしたい」というケースは、珍しくありません。70代の父親Bさんもその1人。もうすでに長男と次男は独立してそれぞれ家庭を持っています。父親からすれば、「これからの人生は自分の好きにさせてくれ」という気持ちだったようです。

ところが、子どもたちだけではなく、親戚を含めての猛反対。「財産目当てではないのか」などと父親に訴えました。しかしそれを押し切り、お父さんは当時60代の女性と再婚をしてしまいました。

しばらくは平穏な暮らしをしていましたが、80代に入り父親に介護が必要な状態に。後妻が献身的に介護をしてくれました。子どもたちはそれに甘え、介護はほとんど任せきりでした。介護にかかる費用も、父親の預金でほとんどまかなえたため、この時点では何の問題も起きませんでした。

そして数年後。問題が起きたのは父親が亡くなったときでした。法定相続分では、父親の財産の2分の1を、配偶者である後妻が相続してしまうからです。

黙っていないのは長男、次男とその妻たちです。

「これでは亡くなったお母さんが報われない」

「なんであとから来た人に財産の半分を持って行かれてしまうのか」

子どもたちからすれば、先に亡くなった実母への思いが強いのは当然です。また、婚姻期間で相続配分を決めたいと思うのもわかります。

結論からいうと、協議の結果、相続は法定相続分にならって、後妻１／２、長男と次男は１／４分ずつになりました。

確かに子どもたちは複雑な心境だったでしょう。納得がいかない部分も多かったかもしれません。

しかし、父親の立場に立って考えると、違ったようです。

お父さんは確かに幸せだったのです。亡くなるまでの人生最後の10年余りを愛する妻とともに幸せに過ごせたこと、そして最後まで献身的に介護をしてくれたことに感謝をしていたはずです。

子どもたちも介護をすべて引き受けてもらい、正直なところ、とても楽をさせてもらったはずです。もし後妻の女性がいなかったら、誰が介護をしたのでしょう。そして、介護にとられた時間と経済的な損失、精神的な負担はどれほどのものだったでしょう。

そう思えば、多少思うところはあるにせよ、納得もできるのではないでしょうか。

介護施設を選ぶときのポイント

相続とは少し話がずれますが、ここで現場目線で見た介護施設の選び方についてもお話ししておきましょう。

介護施設は、入居者にとって、自宅の次に大切な場所です。家族にとっても悔いのないようにしっかり選びたいものです。

介護施設を選ぶ際に、絶対にこれが正しい、という方法はありませんが、絶対譲れない条件、優先したいことはあるはずです。例えば以下のようなことをチェックしてみる必要があるでしょう。

・介護は必要か、不要か
・最後まで介護施設で過ごすのか、リハビリをして自宅に戻りたいのか
・介護度はどれくらいか
・認知症の症状はあるか

・予算はどれくらいか、余裕はあるか

介護施設は、前払い金が必要なところと不要なところ、施設のスタッフがサービスを提供するところと外部のサービスを利用するところなどさまざまです。

まずは、入居する施設の種類を決めましょう。

代表的なものには、料金が安くサービスも手厚い「特別養護老人ホーム」（要介護３以上が対象）がありますが、入居までの待機期間が長いのが難点です。

そのほかには、特別養護老人ホームに比べて料金は高いが、自分に合ったところを選びやすい「有料老人ホーム（介護付きと住宅型があり）」、料金的には手ごろだが介護度が低い人向きの「サービス付き高齢者向け住宅」、要介護１以上が対象で、自宅と病院の中間的な位置付けにある「介護老人保健施設」、認知症の方が対象で共同生活をする「グループホーム」などがあります。

それぞれにメリットとデメリットがあり、種類もいろいろあって迷ってしまうと思いますが、インターネットなどで情報を収集し、「これは」という施設があったらパンフレットを取り寄せてみましょう。

そのうえで、ご本人と家族の目で実際に確かめる必要があります。見学や体験入居をして、実際の介護の内容、設備の充実度、食事内容、スタッフの対応や雰囲気などを見るようにしましょう。

私たちも仕事柄、介護施設とのおつきあいがありますが、実際に見てわかった選び方のポイントは2つあります。それが「ケア体制」と「立地」です。

ケア体制については、スタッフが充実していてケアが手厚いかどうかです。要は、入居者に対して介護職員が何人いるかということになります。ちなみに、介護付き有料老人ホームの場合、入居する要支援2以上の入居者3人に対して、1人以上の介護職員（看護職員）の配置が義務付けられています。

当然ですが、料金が高い施設はケア体制が整っています。ただし、ご存じのように介護業界は人手不足という問題があります。

そしてもう1つのポイントが立地です。やはり家族の住居から近い、通いやすい施設であることが肝心です。どんなに素晴らしい施設でも、車で1時間、あるいは電車を乗り継いで行かなければならないところでは、家族が通うのは大変です。

先にお話しした通り、家族ができることは「心の介護」、寄り添う介護です。ケアが充実しているからといって家族の足が遠のけば、入居者の孤独感は増す一方です。せっかくいい介護施設に入居して、温かいスタッフのケアが受けられても、残念ながらスタッフは入れ替わりもあります。そんなときでも変わらずに寄り添えるのが家族なのではないでしょうか。

親が施設に入り、実家が空き家になったとき

では、実際に親が介護施設に入居してからの話をしましょう。

親が施設に入居し、実家が空き家になってしまった場合、実家はどうすればいいのでしょうか。

今、日本では空き家問題が深刻な状況であるのは、みなさんもご存じでしょう。なかでも「住まない実家」の空き家問題は、今後も増える可能性が非常に高いといえます。

私たちは長年、相続の現場でお手伝いをさせていただいていますが、被相続人である父親や母親が亡くなって空き家になった場合、すでに独立して自宅を持っている相続人である子どもが実家に引っ越した、という例はほとんど目にしません。

相続によって空き家が増えたのは、親が長生きになったことに関係しています。本書でもお話ししたように、親が亡くなる年齢が80～90代になっている今、子どもの大半は50～60代です。

日本の持ち家率は約8割といわれていますから、50代ともなれば、ほとんどの人がマンションにせよ一軒家にせよ、自宅を持っていることになります。ですから、親から相続した実家に住む必要はありません。このように、持ち家のある人が「実家」を相続していることが、空き家を生み出しているのです。

そこで国もこの事態を深刻に捉え、空き家を減らすための改正が２０１６年に盛り込まれました。それが、旧耐震基準時代に建てられた空き家を売却する際の３０００万円の特別控除の特例です。

それまでは、実家の父親が亡くなり、残された母親が住み慣れた自宅を売却する場合に、譲渡所得から最高３０００万円まで控除される特別控除がありました。

とはいえ、実際は母親が生きている限り自宅を売らないことがほとんどです。ですから改正によって、父親や母親が亡くなり、そのあとに子どもたちが相続をした場合、相続人である子どもたちが売却した場合にも、旧耐震の時代の１９８１年5月31日以前に建築確認を受けたものに限り、特例として３０００万円の特別控除が認められるようになったのです。

つまり、子どもたちが実家を相続したときに、たとえ実家に住んでいなくても、住んでいたものをそのまま相続したとみなします、ということです。

そして２０１９年４月、さらに改正がありました。父親や母親が介護施設に入居したり入院したりして、そこで亡くなった場合にも、この３０００万円の特別控除が認められることになりました。そのような状況の人が増えたのが、改正の理由の１つでしょう。

これまでは、介護施設に入居している場合、空き家になっている自宅は本当に「自宅」といえるのか？　という疑問がありました。介護施設に住居を移したと考えれば自宅とはいえないのでは、というわけです。

しかし、現状は空き家であっても、病気療養のために一時的に病院や施設に入っていて、いずれ戻る予定の場合は、生活の本拠はもともと住んでいる自宅に該当すると考えられたのです。

介護施設に入居したからといって、二度と自宅に戻らないとはいえませんし、状況が改善して戻れるようになったら、住むところは当然自宅になるでしょう。このような考えから認められるようになりました。

3000万円特別控除にはいくつか条件があります。

・区分所有建物登記がされていないこと
・1981（昭和56）年5月31日以前の建築であること
・相続時から3年を経過する日の属する年の12月31日までに、被相続人が住んでいた家を相続人が売却する場合
・マンション等を除く。耐震性がある場合は不要
・譲渡金額は1億円以下
・2016（平成28）年4月1日〜2023（令和5）年12月31日までのあいだの譲渡に適用

3000万円特別控除の条件に、住まなくなってから3年目の年末までに売る、とあるように、住まない実家の売却は、3年目が目安になります。

住まない実家をどうするかという問題を抱えている子どもからすれば、いつか売却する

つもりの実家なら、４年後に売るよりも３年以内に売却すると税金の優遇があることは頭に入れておきましょう。

ただし、親が介護施設に入居している場合、たまに自宅に戻れるような状態であれば、そして経済的な問題から売却する必要がないのであれば、実家は売らないほうがいいでしょう。

これは心情的な問題です。介護施設に入居されている親御さんで、自宅に戻りたくない人はまずいません。もし親が「帰りたい」といったときに、もう自宅が誰かのものになってしまっているとしたら、子どもの立場としてもつらいでしょう。実際、親御さんがご健在なうちは、売却をされない人が多いことも付け加えておきます。

介護施設に入った母の「配偶者居住権」はどうなる？

では、同じように母親が介護施設に入居している場合、父親が亡くなり相続が発生したら、今回の相続法改正の１つである「配偶者居住権」（36ページ参照）は使えるのでしょうか。

配偶者居住権とは、夫が亡くなって残された配偶者である母親が、亡くなるまで自宅に住み続けることができる権利です。

結論からいえば、答えは「NO」です。配偶者居住権は、配偶者がそこに居住していることが前提条件だからです。

もちろん、配偶者居住権がある母親が施設から自宅に戻った場合、住み続けることはできます。また一時的に入院をして、退院後は自宅に戻ることがわかっている場合や、デイケアサービスなどで週に数回、自宅を離れる場合も同様です。

配偶者居住権で問題になるとすれば、父親が亡くなったあと、自宅でひとり暮らしをしていた母親に介護が必要になり、介護施設に入居することになった場合でしょう。

よく自宅を売却して、介護施設の入居金にあてるケースがありますが、配偶者居住権を持っているだけでは、自宅を売却することはできません。売却には、自宅の「所有権」が必要だからです。

とはいえ、現実的には所有権を持っている子どもたちが「自宅を売って介護施設の入居金にあてるのは反対だ」というケースはまずありません。先にお話ししたように、この配偶者居住権は、後妻のケースや、家族関係が円満ではないケースを想定した制度だからです。

なお、配偶者居住権それ自体を売却したり、相続したりすることはできません。配偶者居住権はその名の通り、配偶者だけに認められた権利だからです。従って人に売却することはできません。

また、配偶者居住権は、配偶者が亡くなることで権利も消滅します。ですからその権利を誰かに相続することもできません。

配偶者が亡くなったあとは、子どもなど所有権を持っている人が自宅の権利を丸ごと所有することになるので、そのまま居住したり、売却や取り壊して建て替えをしたりするのも自由です。

コラム　「おひとりさま」の相続対策

最近、お客様のなかでも、おひとりさまの相続が増えています。

ここでいうおひとりさまとは、独身であったり、子どものいないご夫婦で配偶者に先立たれた方などを指します。

事業に成功された80代のCさんは、配偶者に先立たれ、子どもはいません。そこで今まで築いてきた財産の相続を考えはじめました。きょうだいも既に亡くなっており、このまま行くと相続人は甥や姪になります。しかし、甥や姪とはここ数年、ほとんど会っておらず、親しい交流もありません。「うーん」となってしまいました。

Cさんは自分の人生を振り返ってみました。苦労して奨学金を得て大学に通えたことに、今でも感謝しています。そこで、奨学金制度をつくり、同じような境遇の人たちにこの財産を引き継いでほしいと思うようになりました。でも、誰が運営していくのでしょうか。

そこで私たちがご提案したのが、奨学金の制度をつくると同時に、私塾をつくっていただくことでした。塾で自分の思いを伝えるなかで、塾生のなかから自分の思いを継いでくれる人を選ぶというわけです。自分の財産を引き継ぐというよりは、「思いを引き継いでくれる人」を選ぶというのがポイントです。

このような相談は会社の経営者以外にも、絵画のコレクターなどからいただくこともあります。これから先、甥や姪がいらっしゃらない方も増えるでしょうから、このような相談は将来的にも増えていくと思われます。

実際、身内ではなく、自分の遺志を継いでくれる人にお金を託したり、寄付をしたりする方も増えています。そのため、おひとりさまの相続には遺言が多いのも特徴です。

また、おひとりさまがぶつかる問題に、「身元引受人」がいない、「連帯保証人」がいない、ということがあります。

例えば入院するときや、介護施設に入居するときに、「身元引受人の署名が必要です」「連帯保証人が必要です」といわれて困ってしまうという話をよく耳にします。病院や施設側からすれば、亡くなったときの身柄の引き取りや、施設での器物破壊や入居者にケガを負わせたときの補償、月額費用の支払いが滞ったときに代わりに払ってくれる人がいないと困ってしまうわけですから、危機管理として当然のことです。

では、そのような人がいないおひとりさまが入院したり、介護施設に入居したりするにはどうすればいいのでしょうか。

実は、身元引受人や保証人の役割を代行してくれる保証会社があります。おもに民間企業やNPO法人が運営をしています。

今や核家族化が進み、おひとりさまが増え、身寄りがない人や親戚関係が疎遠な人も増えてきています。また、子どもがいても疎遠だったり、子どもが海外在住などのケースもあるため、それに対応できる保証会社も増えてきています。

介護施設に入居する場合は、介護施設から紹介されることも多いようです。料金は、保証会社に一括して支払う場合と、初期費用を支払ったあとに毎月支払う場合や、年払いなどがあるようです。多くの介護施設では、身元引受人や保証人がいない場合の相談に応じてくれますので、まずは相談をしてみることをおすすめします。

なお、83～86ページで説明した成年後見人がいれば、介護施設に入居できるケースもあります。

◆第４章◆

「人生100年時代」の円満相続のヒント

うまくいく相続にはこんな共通点があった！

家族がまとまる相続の4つの法則

第4章では、親、きょうだいと日頃からどのようなことに気をつけて接していけばいいのかを解説していきます。

まずはその基本的な考え方として、4つの法則を紹介します。

【法則1】「雑な会話、甘えている会話」をしてはいけない

親に対する会話の注意点です。

80代、90代になる親御さんを前にしても、子どもはいくつになっても子どもであるようです。子どもとはいえ端《はた》から見れば50代、60代の立派な大人なのですが、親にはどうしても甘えてしまい、つい気を許して雑な会話をしてしまうのです。

子どもの頃とまったく同じように甘えることはないにせよ、相手が親といえどもあまりにも思いやりのない、気を使わない会話では、がっかりしてしまうでしょう。親からすれば、

自分の子どもも人の親となり、立派に自立しているにもかかわらず甘えを感じると、親の我慢の限度を超える場合もあります。

当たり前のことですが、親も年を重ねていることを決して忘れてはいけません。

また、「老いては子に従え」という言葉はあるものの、子どもが親に説教したり、指導したり、「ちゃんとやってるの？」など〝上から目線〟で会話をしたりしていませんか？

親に対して子どもは「もしこれが他人だったら同じことがいえるだろうか」と考えてみるのも方法の１つです。

もちろん、親は他人ではありません。人生のなかで最もお世話になった方です。さらに自分よりも長く生き、多くの人生経験を重ねた、１人の大人でもあります。適度な敬意を持って、ぜひ「寄り添う会話」をしてみてください。そのうえで両親の願いを聞きましょう。それは子どもであるあなたにしかできないことなのです。

【法則２】メディアの情報を真に受けてはいけない

テレビや雑誌、インターネットなどの情報を真《ま》に受けて、オブラートに包まずに、そのまま親に直接ぶつけていませんか？

例えば預金凍結が心配だからといって、こんなことをいっていないでしょうか。

「認知症になる前に、銀行口座と暗証番号を子どもに教えておいたほうがいいらしいよ」

「うちは何か相続対策しているの？　私たちが困らないようにしておいてね」

「モメるのは2回目の相続のときなんだって。子どもたちがモメないように遺言を書いておくとスムーズって書いてあったよ」

親に直接「相続対策してよ」「遺言を書いてよ」と頼むより、マスコミの受け売りで伝えたほうが話題にしやすい、なおかつ親にきつい言い方をしなくてすむ、と思っているお子さんたちが多いようですが、それが大きな勘違いです。

親側の解釈と本音は以下の通りです。

「認知症になる前に、銀行口座と暗証番号を子どもに教えておいたほうがいいらしいよ」

↓「私もいつか必ず認知症になると決めつけているのね」

「相続対策をしておいたほうがいいよ」↓「自分（子ども）が損をしないことばかり考えているのね。私（親）にはまったくメリットもないし、面倒なだけ」

「遺言を書いておくとスムーズらしいよ」↓「そんなに親を死なせたいのか。遺言のことなど考えたくない（自分の死と向き合うのは、年を重ねれば重ねるほどつらいもの）」

遠回しにしろ、子どものこのような言い方は、怒りを通り越して親を傷つけてしまいます。現に傷ついている親御さんのお話を聞くこともあります。顔では笑っているかもしれませんが、心で泣いているかもしれません。

「相手の立場になって考えてみる」ことを本書でもお伝えしてきましたが、もしお子さんであるあなたが80代だったら、と少しだけ想像してみてください。同じことをいわれたら、どのように思うでしょうか。マスコミからの情報がたとえためになるものだとしても、聞いたこと、学んだことは一度自分の腹に落としてから伝えましょう。

今回の相続法の改正で、あちこちで「こんなこともある、あんなこともある」とあおる情報が氾濫《はんらん》しています。しかし、あくまでも自分の利益ではなく、「親のため」であることを頭に入れてから口に出すだけでも違ってくると思います。

【法則3】シェア（共有）を大切にする

次はきょうだいとの接し方です。

今は何でもシェアする時代です。マーケティングにおいて、かつては「AIDMA《アイドマ》」の法則がありました。「AIDMA」とは、以下の言葉の略です。

・A：Attention（注意）
・I：Interest（興味）
・D：Desire（欲求）
・M：Memory（記憶）
・A：Action（行動）

今はインターネットの普及によって、「AISAS《アイサス》」の法則が一気に普及してきました。

・A：Attention（注意）
・I：Interest（興味）
・S：Search（検索）
・A：Action（行動）
・S：Share（共有）

消費行動を起こすとき、まずそのものについて知ったうえで興味を持ち、ほしいと思った記憶を呼び起こし、購入するという行動を起こすのが「ＡＩＤＭＡ」であるのに対し、「ＡＩＳＡＳ」は、商品を知って興味を持ったら、まずインターネットで検索して情報を収集しますね。そこで購入した人の口コミや、商品情報を詳しく調べることができます。

さらにそのあと、購入して終わりではなく、その情報をシェアするのが今の時代です。長くなってしまいましたが、人間関係も同じで、今や何でもシェアする時代に来ているのです。

きょうだいとも、常に情報をシェアしておきましょう。親の様子はもちろん、大事な情報を１人で独占しないことです。特に親と同居している長男や長女は、悪気はなくても自分だけで解決しようとしたり、きょうだいの意見も聞かず、報告もせず判断したりしてしまう傾向があります。

かつては情報共有といっても大変でしたが、今やスマートフォンという便利な道具があります。たった一言でいいので、きょうだいに伝えておく。これが未然にトラブルを防ぐコツです。

【法則4】相続を「3つの視点」で考える

思想家の安岡正篤《やすおかまさひろ》の言葉で、「ものの見方の三原則」というものがあります。それが以下の3つです。

1. 一面ではなく、多面的に見る
2. 枝葉末節を考えないで、根源的に見る
3. 目先で見るのではなく、長い目で見る

安岡正篤（1898～1983年）は多くの政治家や財界人に師と仰がれた人物。「平成」の元号の考案者であるともいわれています。その人が述べたこの「ものの見方の三原則」は、まさに相続の場面にそのまま当てはまるのです。

「一面ではなく、多面的に見る」は、自分が「これは正しい」、あるいは「これはおかしい」と思っても、相手の立場に立って、相手も同じように思っているのでは、と思いやることです。きょうだい間でも、自分はどう思うか、相手はどう思うかを多面的に見ると、少し冷静になれます。

例えばきょうだいでも、親と同居しているか別居しているか、子どもがいるかいないか、子どもが独立しているかしていないかなど、立場の違いで相続するものが変わってくるのも仕方のないことです。それを自分中心の一面的な見方しかできないと、いつまで経っても合意には至らないでしょう。相手の立場に立って考えてみれば、少しは納得できることも出てくるはずです。

どうしても自分が正しいと主張しがちですが、実際に私たちが相続で争っている両者にお話を聞くと、どちらの主張もごもっともで、どちらがよくてどちらが悪いのか、なかなか判断するのが難しいことも多いのです。このように多面的な視点を持つことは、相続においては非常に大切な習慣です。

２の「枝葉末節を考えないで、根源的に見る」とは、「今争っている財産は、もともとは誰のもの？」と考えることです。

もともとの財産は親のものですね。そう考えると、親の財産をめぐってきょうだい間で争っているのは、おかしいことではないかとハッとするのではないでしょうか。

親の財産を期待している子どもたちが、「俺よりあいつが有利だ」「私だけが損している」と主張することが、果たしてどれだけ重要なことなのでしょうか。根源的に捉えると、少し冷静になれるかもしれません。

3の「目先で見るのではなく、長い目で見る」は、「きょうだいでいがみ合ったりしていると、自分の子どもがそれを見ていますよ」ということです。

親がきょうだいゲンカしているのに、自分の子どもに向かって「仲良くしなさい」といっても説得力がありません。

自分たちがモメている姿を子孫代々に見せたいでしょうか。カチンと来ることがあっても、今ここで争うことが本当に長い目で見て自分の将来にとっていいことなのか、慎重に考えて行動したほうがいいという考えに置き換えられます。

「先祖は譲った人を応援してくれる」「譲った人にツキがめぐってくる」という事実は、私たち自身、リアルな相続の現場で多く経験しています。

こんな相談を受けたことがあります。

「遺産分割の真っ最中で、弟から理不尽な要求が出ています。私が譲れば収まることはわかっているけれど、納得がいきません。家事審判になれば法定相続分で決着することが多いとは聞いています。ですが、どうしても腹が立って仕方がないのです。みなさん、どうやって収めどころを決めているのでしょうか」

この方の気持ちも、もっともです。ただ、実際は納得のいく収めどころはない、というのが現実です。

身も蓋《ふた》もない言い方になってしまいますが、それでもなんとか自分を納得させるためには、「譲った人にツキが来る」、この言葉を参考にしてほしいのです。

あるプロゴルファーの父親は、相続にあたって争うことはせず、きょうだいの求めるままに譲ることにしました。すると、それまで今一つ伸び悩んでいた娘のプロゴルファーの成績が伸び、その後、大活躍するようになりました。似たような例は枚挙にいとまがありません。

もちろん、神様仏様のようになりなさい、ということではありませんが、親の財産をめぐってきょうだいが争い、いつもイライラしているような人からは、間違いなくツキが逃げていくことは、おわかりいただけるのではないでしょうか。

父の財産を母子で分けてはいけない

一般的に、相続には1回目の相続である一次相続と、2回目の相続である二次相続があると述べました。

通常、一次相続は父親が亡くなったとき、二次相続は母親が亡くなったときに発生することが多いため、国の法律などもこの考え方がベースになっています。ここでも一次相続は父親の相続、二次相続は母親の相続として話を進めていきます。

親の相続対策をスムーズに進めるために欠かせないのは、「父の相続（一次相続）はすべて母に」という原則です。

これに対して、よく「相続で損をしないためのコツ」などとして雑誌や書籍に紹介されているのは、「一次相続で子どもたちが多く相続すると有利」「父が死亡、母も高齢なら、子どもの一括相続が得をする」というもの。

　確かに、資産家ほど母親よりも子どもに多く相続させたほうが有利です。なぜなら、母1人に財産が集中すると、二次相続の相続税が重くなるからです。さらに、二次相続のときは配偶者の税額軽減が使えないため、節税だけを考えれば、一次相続で子どもたちの相続分を多くしたほうが得だということは「計算上は」正しいのです。

　でも、ちょっと待ってください。子どもに多く相続された母親は、どんな気持ちでしょうか。お母さんは子どもたちに「私もそんなに長くないだろうし、あなたたち中心でいいわよ」というかもしれません。

　でもそれを真に受けてはいけません。では、お母さんの本当の気持ちは……？

　一次相続で相続される財産は、基本的にお父さん、お母さんがご夫婦で築かれてきた財産です。

「なんで子どもに多く行くのだろう」

　口に出すかどうかは別として、すべての母親はそう思っていると思います。これは、相続の現場で私たちが感じることです。夫婦で築いた財産が、自分（母親）を通り過ぎて子どもに渡っていく。よほどの人でない限り、「子どもにすべてあげたい」とは思わないでしょう。

さらに、こんな事実があります。父親が亡くなったときに発生する一次相続と母親が亡くなったときに発生する二次相続のあいだには、実に18年もの長い期間があるのです(2015~2018年の平均値・税理士法人レガシィ調べ)。父親が亡くなったら、まもなく母親も亡くなると思うのは大間違いです。一次相続が終わればすぐ二次相続がやってくる、というわけではないのです。

そうなると、父親亡きあとの母親の生活設計を考えて相続することが重要です。そこで子どもたちはこう母親にいってみましょう。

「お母さんが全部相続したら?」

これこそが、親子の最強のコミュニケーション術でしょう。母親の心境を配慮した言葉です。残されたお母さんの暮らしのほうが、ずっと大切です。

もし、このような言葉をかけたら、今度は母親のほうが配慮してくれるかもしれません。二次相続の際に、子どもに財産を残しておこうという気持ちにもなるでしょう。あるいは「そんなこといいわよ。あなたたちが少し多く相続したら?」といってくれるかもしれません。

母親が全部相続したとしても、何かの折に子どもを気づかってくれるでしょう。孫へのお年玉を弾んでくれたり、食事をおごってくれたり、家族旅行のお金を出してくれたりするかもしれません。

そしてその配慮は18年間続く可能性があるのです。そのたびに「ありがとう」「嬉しい」といわれれば、お母さんも嬉しいでしょう。

間違っても「子どもが多く相続したほうが税金が安いんだって」などとはいわないようにしましょう。

「節税より親孝行」が円満な相続のコツなのです。

「母がすべて相続するのは損」は本当か

心情的な部分はわかった、母親の今後の生活を優先させる大切さもわかった。でも、実際一次相続をすべて母親にしてしまったら、どれだけ損をしてしまうのだろう……と思われた方もいるかもしれません。

すべてお母さんが相続しても、配偶者の税額軽減や小規模宅地の評価減という税額軽減措置があるため、相当な資産家でない限り、相続税はかかりません。

①配偶者の税額軽減

配偶者に先立たれた人に対して、課税価格（相続財産から債務や葬式費用などの控除額を差し引いた金額）が、次のaまたはbのどちらか多いほうの金額まで、配偶者には相続税がかかりません。

a　1億6000万円

b　法定相続分（通常は1／2）相当額

大雑把《おおざっぱ》な言い方になりますが、受け取る遺産が1億6000万円と、総財産の半分のいずれか大きい金額未満であれば、相続税はかかりません。

②小規模宅地の評価減

相続した家に住み続ける人に対しての優遇措置。父親が亡くなり、妻である母親が住み続ける場合、この制度が適用されるため、330㎡以下までの面積なら自宅の評価額が8割安くなります。

例えば相続税の計算をするときに、5000万円の不動産だった場合、8割安くなるため、１０００万円で計算してくれるということになります。

このように一次相続ではこうした制度が使えます。ただし、二次相続になるとそうはいきません。子どもが親の遺産を相続するため、「配偶者の税額軽減」は使えません。そのため多額の相続税がかかってくることもあります。

とはいえ、いくら二次相続で相続税が高くなるといっても、実際は心配するほど大きな差額ではないかもしれません。二次相続でどれくらい税金が高くなるのか心配な場合は、どれくらいの差額になるのか、一度税理士に相談して比較してみるといいでしょう。

もしかすると、その差額は数十万円程度かもしれません。たとえその差が数百万円だったとしても、そのあとの母親の18年の生活のほうが大切です。しかも、18年後には土地の評価額がどうなっているかもわからないのです。

むしろ相続対策は、一次相続のときではなく、一次相続と二次相続のあいだにこそしっかりやっておきましょう。一次相続で母親は一度相続を経験していますから、話をしやすい状況になっているはずです。一般的には18年もの時間があるのですから、あせらずゆっくり進めることができるでしょう。

親子関係にヒビを入れるNGワード

あなたは実家に帰ったとき、親とどのような会話をしているでしょうか。例えば、こんな会話をしていませんか。

母親「頭が痛いのよ……」

子ども「じゃあ病院に行ったら?」（アドバイスをしているつもりだが、親からすると、突き放されたように聞こえる）

母親「私の預金通帳、どこにあるか知らない?」

子ども「預金通帳と印鑑くらい、どこにあるかちゃんと覚えておいてよ!」。あるいは「しっかりしてよ。この際だから、私にわかるようにしておいて」（注意しているつもりだが、自分のことしか考えていない会話）

心当たりはありませんか？

娘さんが２人いらっしゃるお母様で、よく「娘たちだけで会話が盛り上がっていて、疎外感を覚える」という話をされていた方がいらっしゃいました。年齢を重ねると、誰でも多かれ少なかれ「孤独感、劣等感、疎外感」を抱くことがあるものです。これとうまくつき合えるようになればいいのですが、なかなかそうもいきません。

話の輪に入れず、話し相手がいない高齢者が、話を聞いてくれる悪徳業者にだまされてしまう事件をよく耳にします。高齢者の「孤独感、劣等感、疎外感」につけ込んだ巧妙な手口だと思います。

だからといって、たくさん会話をしろとはいいません。ポイントは子どもたちがお父さん、お母さんを巻き込んで、疎外感を与えないように、まるでチームのように接することです。繰り返しになりますが、雑な会話よりも、「寄り添う会話」を大切にしましょう。

例えば、こんなふうにしてみるのです。

母親「最近、膝が痛いのよ」

子ども「膝が痛いの？　ほかに痛いところはある？」（共感と思いやりの会話）

母親「またお財布をなくしちゃったのよ」
子ども「あら、私なんかスマホをなくしたわよ」（なくし物をとがめずに、楽しい会話に持っていく）

子どもにしてみれば、親が悩んでいることや愚痴《ぐち》をこぼすことはたいてい面倒くさいことばかり。否定的な発言が多くなる。ニュースを見ては文句ばかりいう。いつも同じことばかり繰り返しいう。「もう認知症がはじまっているんじゃないか」と勘ぐってしまいたくもなりますね。

先日も、母親を旅行に連れて行っても、すぐ「疲れた」といい、食事に連れて行くと「お腹がいっぱいだから、こんなに食べられない、おいしくない」といわれたと怒っていた娘さんがいらっしゃいました。

でもこの年代の方は、文句をいいつつも内心では喜んでいることが多いものです。その証拠に、近所の人には「今度、娘と旅行に行くんですよ」と嬉しそうに話をしていたりします。

そういう親の心理を理解したうえで、寄り添っていけるといいですね。

介護や相続の話題から入らない

とはいえ、相続対策は進めておかなければなりません。親との話の進め方にもコツがあります。

「相続が心配なんだけど」「認知症になったときのこと、考えてる？」「遺言書、残しておいてね」などと、ストレートに親にいうのはもちろんNGですが、ほかの家のケースを持ち出して、「○○さんの家はこうしているみたいよ」といったり、「知り合いの家のお母さんが認知症で大変なんだって」というのもダメです。

子どもの頃、親に友だちと比べられ「○○ちゃんは勉強ができて優秀ね。あなたももっと勉強しなくちゃ」「○○くんはマラソン大会で1位になったんですって！」といわれて嫌な思いをしたことはありませんか。これは大人になっても同じで、いくつになっても他人の話題を持ち出されて比べられるのは不快なものです。

親への話の切り出し方としては、前にも紹介した「何か億劫なことはある？」という質問から入るのがおすすめです。

「億劫」という言葉がキーワードで、同じような意味でも「面倒くさい」よりも何か前向きな話に進んでいきそうなイメージがあります。

このように聞くと、もしかすると親のほうから「預金管理が億劫で……」「不動産管理をお願いしたいと思っているのよ」などという話が出てくるかもしれません。

そうしたら「じゃあ、それ私がやるわ」「僕がやっておくよ」と気持ちよくやってあげればいいのです。このことが糸口となって、「相続」「介護」という言葉を使わずに、これからの話もできるかもしれません。

相続の話は「する」のではなく「待つ」

いくら預金凍結が心配だからといって、親に銀行口座や暗証番号を聞き出すなど、ダイレクトにお金の話を聞くのはおすすめしません。

前項で「何か億劫なことはある？」という声かけの話をしましたが、上手な話の進め方には手順があります。

【ステップ1】子ども1人で実家に帰省する

実家に帰省するときは、1人で行くのがおすすめです。

特に男性（息子）の場合は、日頃から親子のコミュニケーションをする機会は少ないかもしれません。でも1人で訪ねることで、普段はお嫁さんに遠慮して話せないことがある親御さんも、話せることが出てくるでしょう。結婚してしまうと、親と子の水入らずの会話は減ってしまうものです。また、ほかのきょうだいが一緒だと、なかなかゆっくりと将来の話もできません。

いきなり1人で訪ねるのは照れくさいという人もいるかもしれませんが、おすすめは「自分の誕生日」に訪ねること。親御さんの誕生日だと、ほかのきょうだいもお祝いに来る可能性がありますが、自分の誕生日ならその心配もありません。そこで、自分を産んでくれたことの感謝を伝えましょう。

ただ、ポイントはあくまでも「聞き上手」になることです。そして先ほど述べたように、「何か億劫なことはない？」「困っていることはない？」と聞いてみましょう。こうして信頼関係が築かれると、次の段階に進みます。

【ステップ2】終末期医療、介護の話をする

次のステップで、病気や治療の話を聞きます。ここまでで信頼関係が築かれている場合や、親にとって話しやすいお子さんの場合は、親から話を切り出すことも多いようです。ここで、間違っても「お金はあるの？」「財産は？」「遺言は？」などといきなりステップアップしてはいけません。

もしかすると、「もし病気になったら、終末期医療はこうしてほしい」というような話や、「もし、私たちのうちどちらかに介護が必要になったら、こうしてほしい」という話も出てくるかもしれません。

【ステップ3】親から相続の話が出てくるのを待つ

終末期医療や介護の話が出てきて、ようやく「葬儀の仕方」「印鑑、通帳の場所」「相続後の話」「遺言の話」が出てきます。

どの話題も、子どもの側から聞く話ではありません。

「○○さんのお父さんが亡くなったときは家族葬にしたみたいだけど、うちはどうするの?」「何かあったときに困るから、印鑑の場所を教えてほしいんだけど」などと聞かれて、気持ちよく答えてくれる親がどれくらいいるのでしょうか。

キーワードは「待つ」です。

３つのステップのなかで、子どもはひたすら聞く側に徹し、自然に相続や財産の話が出てくるのを待ちましょう。それが、親と財産の話をするうえでの作法です。不思議なもので、「相続以外」の話をどれだけ聞くことができるかが、結果的に相続をスムーズに進めてくれるのです。

親世代も「終活」に興味があるとは限らない

ここ数年、「終活ブーム」が続いています。

しかし、終活に興味を持っているのは50~60代、つまり、まだ「死」がリアルではない世代であって、親世代の多くはそうではないようです。

50~60代は、まだ終活を楽しむ余裕があるか、もしくは親の終活への関心が高い世代といえるでしょう。

終活適齢期は70代です。ですが、まだこの時点でも現実的ではありません。なぜなら、今の70代は、まだまだ元気だからです。しかし、本当は遅くともここで終活をはじめるべきという、微妙な時期でもあります。

「健康寿命」をご存じでしょうか。健康寿命とは、介護や人の助けなしで日常生活を送れる期間のことをいいます。

少し古いデータですが、2016年の平均寿命と健康寿命を比べると、男性では平均寿命が80・98歳、健康寿命が72・14歳でその差は8・84年。女性の平均寿命は87・14歳で健康寿命は74・79歳でその差は12・35年です。見たくない数字ですが、人生の最後は、男性も女性も8年から12年ものあいだ、誰かのケアなしには生活できないことになってしまうのです。

健康寿命は男女ともに70代前半。終活をここでやっておかないと、誰かに頼ることになってしまいます。遺言を書くのも、この時期がベストです。

そして80代以降になると、もはや終活は禁句になってしまいます。80代以降になると、自分の死はかなりリアルに迫ってくる一方で、直視するのはなかなか難しいでしょう。

そんな年代の親に、子どもが自分の年代の感覚のまま終活を迫ってしまうと、親は不快に思うばかりではなく、親子関係をこじらせてしまいかねないのです。

親の安否確認にＩＴを活用する

親と離れて暮らしているお子さんの場合は、親が毎日元気にしているかどうかは心配なところでしょう。

離れて暮らす親の安否確認にいちばんおすすめなのは、やはりＬＩＮＥです。50代、60代の子ども世代ではＬＩＮＥは抵抗なく使われている方が多いでしょう。一方で80代、90代の親世代にＬＩＮＥを使いこなしている人はどれくらいいるでしょうか。それでもＬＩＮＥがおすすめなのは、返事が返ってこなかったとしても、既読になるところです。

ぜひ、帰省したときにＬＩＮＥアプリを入れてあげて、返事はいらないから毎日チェックするようにおすすめしてみてください。

また、それ以外にも、離れて暮らす親の見守りサービスはたくさんあります。

例えばスマートフォン。その日に使われた回数や歩数、カメラの利用状況などが家族にメール通知されたり、インターネットサイトで確認できる機能がついているものが販売されています。

また、湯沸かし電気ポットに通信機能が内蔵されており、1日のうちに、いつ給湯されたかをインターネットを通じて確認できる、といったものもあります。

こうしたIT技術をうまく取り入れるのもいいでしょう。

相続の前に考えたい、先祖のありがたさ

突然ですが、自分には先祖が何人くらいいると思いますか。

私たちは税理士として相続の仕事をしています。税理士というと、いつも財産の管理や節税対策などお金の計算ばかりしていると思われがちです。

もちろん、そういう側面もありますが、「相続」の現場で粗末にすることができないのが、ご先祖様の存在です。

当たり前ですが、誰にでも父親と母親がいます。両親は2人。それぞれの親にも両親がいますから、祖父母は4人。その上の代は、2の3乗で8人です。

10代上まで遡《さかのぼ》ると、２の10乗で１０２４人になります。さらに遡って20代上になると２の20乗で１０４万８５７６人、30代上では２の30乗で10億人です。

30代前というと、時代はいつでしょうか。計算すると、西暦２０１９年－30年×30代で、１１１９年くらいになります。平安時代の終盤頃です。

それにしても10億人とはすごい数字です。

ここで重要なのは、10億人のうちたった１人が欠けていても、「あなた」はいなかったということです。

そしてそのご先祖様たちは、おそらくあなたを応援してくれているはずです。自分の子どもや孫を応援しない人はいません。ですから遡ったご先祖様も、あなたを応援しているでしょう。

そこで、時間や距離に無理のない範囲で、できるだけお墓まいりに行くことをおすすめします。「最近どうもツイていないのです」という人から相談を受けると、私たちはお墓まいりをおすすめすることがありますが、これはたくさんのあなたの応援者であるご先祖様に感謝を伝えることになるからです。

相続の専門家がこのようなお話をするのはなぜかというと、法人との契約がほとんどの一般の税理士と違い、相続専門の私たちは、お客様の家庭のなかで仕事をすることが多いからです。

私たちスタッフがお宅にお邪魔した際に守っているのは、ご仏壇にお線香をあげて、手を合わせることです。そして心のなかで「お手伝いをさせていただくことになりました。一生懸命お手伝いしますので、どうぞみなさまがモメないようにお導きください」とお願いします。遺産分割協議の前と無事に終わったあとで、このように手を合わせることで、ご家族のみなさんの気持ちも落ち着き、素直になれるような気がします。

あるとき、モメにモメた相続が決着した際、いつものようにご仏壇に手を合わせたら、どこかでガタンと音がしてびっくりしたことがありました。ご家族も「えっ?」といって振り返っていらっしゃいましたが、心霊現象でもなんでもなく、素直にご先祖様が喜んでくださったのだと受け止めました。

家族が1つにまとまり、顔を合わせて素直になり、争いもなくスムーズな相続をすることを、多くのご先祖様たちは望んでいるはずです。

相続の「恩恵」と「課題」を分けて考える

相続にはその恩恵がある一方で、課題もあります。

実例で説明しましょう。

【ケース13】父親が遺してくれたプレゼント

60歳の相続人Ｄさんとの会話です。

「先祖代々の土地の上に、10年前、父が賃貸住宅を建てました。そのおかげで今回の相続時に、８０００万円も相続税が安くなりました」とＤさん。

「お父様が遺《のこ》してくれたプレゼントですね」と申し上げました。

相続税が安くなって喜ぶのは、もちろん子どものほうです。ですから、これは亡くなったお父様が遺してくれたプレゼントです。

一方でＤさんはこうもおっしゃいました。

「相続発生後、遺産分割の関係で資金繰りの計算をしてもらいました。そうしたらこの物件は元本返済金が多かったのです」

確かにその物件は資金繰りが苦しくなるのが欠点でした。借金をいくら返しても所得税、住民税が多く、今後は修繕費もかかりそうでした。

「これは相続で父から引き継いだ課題ですね」とDさんはおっしゃっていました。

もしも同じような立場だったら、みなさんはどう思われるでしょうか。

父親が遺してくれた賃貸住宅があり、そのメリットは「相続税の軽減8000万円」という大きなものでした。

それに対してデメリットは「今後の資金繰り」です。

今度の方向性を話し合って確認し、キャッシュフローを意識して財産の組み替え（売却と購入）をする必要があります。要は売却したらお金が入ってくるので、借金も返せることになります。具体的には「売却するとこうなります。売却しないとこうなります。どっちにしますか？」というふうにお話ししていきます。

何がいいたいのかというと、最初に述べた通り、相続の「恩恵（プレゼント）」と「今後の課題」は分けて考えましょう、ということです。

どちらかというと、人間は「こんなものを遺されても大変だよ」と思いがちですが、それでは親に対する感謝の念がありません。まずプレゼントはプレゼントと認識しましょう。

そしてそれとは別に、今後の課題であるデメリットを考えましょう。

親はすでに亡くなったあとですが、これこそが親子のコミュニケーションになるのではないでしょうか。

実際、親がアパートやマンションを建て、建物付きで相続をするケースは非常に多いものです。そこで問題になるのは、繰り返しになりますが資金繰りが苦しいこと。実は土地というものは、あまりお金を生みません。

土地を５００坪持っている、１０００坪持っていると聞くと、すごいと思われがちですが、持っているだけではキャッシュは回りません。もちろん、売却すればキャッシュになります。ならば売ればいいではないか、ということになりますが、売ると何もなくなってしまうから嫌だという人が圧倒的に多いのです（ただ相続人が年を重ねていくと、売却するケースが増えていきます）。

だからこそ、恩恵と課題を分けて考えることが大切なのです。

きょうだい仲が悪くなるNGワード

本章の冒頭で4つの法則を紹介しましたが、ここではよく見られる、やってはいけないきょうだいのコミュニケーションについてお話ししましょう。

父親は亡くなり、母親と同居している長男夫婦が親の面倒を見る可能性が高く、遠方に住む姉（長女）や弟（次男）がいるケースの場合です。

【やってはいけない雑な会話1】

実家に来た姉「お母さん、だいぶ弱ってきたわね」

長男「面倒見るのもなあ……」

姉「じゃあ、誰が面倒見るのよ！　私は遠いから無理よ」

【やってはいけない雑な会話2】

姉「お母さん、ちょっと認知症が進んでいるんじゃない？」
長男「僕たちではもう手に余るから、介護施設を探して、このあいだ契約してきたよ」
姉「どういうこと？　勝手に決めないでよ。お母さんは本当にそれでいいっていってるの？」
弟「これで兄貴たちもだいぶ楽になっただろうね（嫌みを込めて）」
姉「介護施設のお金はどこから出してるの？（疑心暗鬼）」
長男「……（いい加減にしてくれ！　自宅で介護する大変さもわからないくせに）」

【やってはいけない雑な会話３】

姉「お墓まいりに行ってきたわよ。雑草だらけで草ボウボウだったわよ」
長男「そう。結構生えるんだよね（なんでこんなことをいってくるんだ？）」
姉「……（たまにはお墓まいりくらい行きなさいよ）」

【やってはいけない雑な会話４】

姉「車、買い換えたの？　ずいぶんいい車にしたのね（嫌み）」

長男「自分のお金で買ったんだ。文句ないだろう?(お母さんのお金を使い込んでいると でも思っているのか!?)」

このような会話になってしまうと、一気にきょうだい関係が険悪になってしまいます。

ポイントは、きょうだいに相談して、常に巻き込むことです。

いちいち相談するのは面倒ですし、忙しいのに申し訳ないなどと思わずに、母親の体が弱ってきていること、認知症が進んでいることなど気づいたことがあれば、「どうしたらいいと思う?」「相談に乗ってくれる?」と寄り添うのです。

また、お金の問題は、あらぬ疑念を抱かせないように、常にオープンな状態にしておくことも重要です。先にもお話ししましたが、家計簿ソフトを利用してお金の使い道を明らかにしておきましょう。

紹介した例でも非常によく見られるのが、同居の家族がきょうだいに相談せずに介護施設に親を入居させてしまうケースです。

入居させる一歩手前で相談すれば、このようなことにはなりません。例えば、介護施設を検討している段階で、「今日、介護施設を見学してきたんだけど、どう思う?」と意見を聞いたり、あるいは「一緒に見学してくれない？」と提案したりすれば、そのあとの反応はまったく違うでしょう。

実際にきょうだいで一緒に見学に行くかどうかは別にして、事前に声をかけたかどうかが重要です。きょうだいで常に情報をシェアしておくようにしましょう。

きょうだいの「情報共有」のコツ

前項で紹介したようなきょうだい間の気持ちのすれ違いは、日頃からコミュニケーションがとれていれば、ほとんど防ぐことができるものです。

特に親の介護がはじまったときは、きょうだい間での情報共有がモメ事を防ぐポイントになります。逆にいえば、親の介護がはじまった時点で情報共有をしておかないと、程度の差はあれ、何らかのすれ違いやトラブルが起きる可能性が大きくなるでしょう。

とはいえ、遠方に住んでいることも多く、それぞれが忙しいなかで、密に連絡をとるのも難しいでしょう。

そこでおすすめなのが、グループＬＩＮＥの活用です。

きょうだいでグループLINEをするメリットはたくさんあります。

親の介護がはじまったEさんは、その時点できょうだいでグループLINEをはじめました。仮に名字を山本さんとしましょう。グループラインの名前は、「山本3きょうだい」です。

親の近くに住んでいて、おもに介護を担当している次女が介護の状況を報告します。「今日、お母さんを眼科に連れて行った。白内障だった」「タクシーで通院することにした」などと、症状や状況についてもLINEをします。

それ以外にも「ヘルパーさんに来てもらうのを週2回から3回にしたよ」といったことや、お金のことも報告します。何かあればレシートを撮影して、写真や映像もやりとりできるのもLINEのいいところです。

大きなお金の支出もありますから、お金の支出はすべて家計簿ソフトで共有すれば、誤解や疑念も生じないでしょう。

その都度、「ありがとう」「お疲れ様」「今度は私が行くよ」などと簡単にやりとりできるので、会わなくても密にコミュニケーションをとることができます。

もちろん、重要なことや相談事だけでなく、愚痴やつぶやきを聞いてもらうこともできます。グループになっているので、常にきょうだい全員を〝巻き込む〟ことができますし、誰か1人が相談されない、といった疎外感もありません。

前にも述べたように、こういったコミュニケーションのとり方は、比較的女性は得意なようです。それに比べて男性は、どちらかというと苦手かもしれません。

きょうだい間のグループＬＩＮＥを続けるコツは、それぞれが負担にならないようにルールを決めることでしょう。例えば、

・思いついたら書く
・その都度、返信は不要
・夜遅くまたは朝早く連絡しても気にしない
・既読スルーしてもＯＫ

などでしょうか。

50代、60代の人のなかには、スマートフォンそのものに抵抗があったり、ＬＩＮＥをやりたがらなかったりする場合もあるようです。

しかし、やりたがらないきょうだいこそ、上手に巻き込みましょう。文字入力が面倒だということも理由の１つのようですが、最近のスマートフォンは、メールやＬＩＮＥの音

声入力の精度も上がっているようです。

そして何より、目的は親御さんのため。親御さんのことできょうだいがモメることがないようにするための情報共有だということを再認識しておきましょう。

使い方を誤ると危険なＳＮＳ

このように便利なＳＮＳ（ソーシャル・ネットワーキング・サービス）ですが、そのＳＮＳがモメ事を起こすこともあります。

実際にあった例を紹介しましょう。

【ケース14】遺産分割協議後の食事をアップしたら……

長男であるＦさんは長いあいだ、姉と相続でモメていましたが、何とか終焉《しゅうえん》を迎えました。そこでＦさんはそのお祝いも兼ねて、お世話になった人と麻布十番で高級フレンチをいただくことにしました。

豪華な食事を写真に撮影し、自身のインスタグラムにアップ。友人からは「いいね！」が来ました。ここまではよかったのですが、問題は、その写真をお姉さんも見ていたことです。

実はＦさん、遺産分割協議でお姉さんよりも多く遺産を相続していました。お姉さんとしては、終わったこととはいえ、面白くなかったのでしょう。「豪華な食事ができてよかったわね」というどこか冷めたコメントが来ていて、Ｆさんは「しまった！」と思ったといいます。

インスタグラムやツイッター、フェイスブックなどのＳＮＳで自分の暮らしぶりをアップするのは、ことが相続にかかわってくる場合に限っては、非常に危険です。

例に挙げたような高級レストランでの食事以外にも、
「海外旅行でお休みを満喫しました」
「買ったばかりの新車でドライブをしています」
など、通常は問題がない場合でも、それを見たきょうだいや親戚がどう思うのかまで考えたほうがいいでしょう。

ＳＮＳで公開してしまうと、どこで誰が見ているかわかりません。というよりも、きょうだいや友人は確実に見ているでしょう。そのような状況で、充実した私生活をわざわざ公開してしまうのは、脇が甘いといわざるを得ません。

特に長男や長女などで親と同居している場合、ほかのきょうだいは、

「外食や旅行ばかりして、親の面倒を見ていないんじゃないの？」

「親のお金を使い込んでいるんじゃないか」

と思うでしょう。

また、一次相続後であれば、モメることが多い二次相続を前にして、贅沢《ぜいたく》な暮らしぶりをアップするのはさらに危険です。

「兄に相続させたら、贅沢をするだけじゃないだろうか」

「実家を兄に譲ってしまうと、どれだけお金をムダにするかわからない」

などと、ほかのきょうだいに不安を抱かせるだけです。

もちろん二次相続が終わっても油断はできません。二次相続で遺産分割が終わったあとで優雅な暮らしぶりをアップしてしまったら、ほかのきょうだいたちは、

「二次相続で多めに譲ったのに、こんな贅沢をしているのか」

「あの遺産分割協議は本当によかったのだろうか」と不満や疑念を抱くことになり、相続後にもモメるもとになってしまいます。

心理学者のアドラーは、「人と比較するのではなく、理想の自分と比較しなさい」といっています。理想の自分と、実際の自分との比較から生まれる劣等感は健全なものです。

ＳＮＳを見て不満を抱く多くは、きょうだい間での比較によるひがみや妬《ねた》みです。不要な嫉妬《しっと》を抱かれないためにも、充実した暮らしぶりのアップは控えめにするのがいいでしょう。

「小さなお金」で相続のしくじりを防ぐ

相続のとき、いちばんつらいことといったら何でしょうか。

それはやはり、兄弟姉妹のケンカ、言い争いではないでしょうか。たとえご両親が亡くなったあとでも、自分の子どもたちが争う姿は見たくないはずです。

きょうだいで争ってしまう原因は、前項でも触れた、きょうだい間での「比較」によるものです。比較の対象は教育費、結婚式、介護、そして親から受けた愛情など、お金だけではない、複雑なものがあるようです。身近な存在だからこそ腹が立つともいえます。

では、きょうだい間でモメ事を減らすにはどうすればいいかというと、きょうだいでこまめに連絡を取り合うことに加えて、「気を使ってお金を使う」ことです。

改めていいますが、きょうだいの関係にとって、相続は人生のなかでもとても重要な場面です。親が遺した財産を「分け合う」関係ができていればいいのですが、ともすると「奪い合う」存在になる可能性もあるのです。

遺産分割協議は、全員同意でなくてはなりません。全員が顔を合わせて話し合う必要があるのです。人生においてそんなことは、おそらくそれ以降は二度とないことでしょう。相続は、きょうだいの関係にいちばん影響があるイベントであることは間違いありません。

実際、二次相続が終わってしまえば、きょうだいの関係は徐々に薄くなっていくことが多いものです。

ですから逆にいえば、相続前のきょうだい間では、互いに気を使い合うことが大切になってきます。

例えば、法事や子どもの結婚式などではお土産付き、交通費持ちにする、また、旅行のたびに、ちょっとしたお土産を送るのもいいでしょう。お中元やお歳暮を送るのもいいでしょう。こうして、きょうだい間で「小さなお金を何度も使う」のです。

私たちが聞いた話では、次男が出張や旅行で空港を利用するたびに、長男の奥さんや長男の子ども（甥や姪）にお土産を送り続けたというエピソードがありました。高価なものではなく、１０００円や２０００円のものを、頻繁《ひんぱん》に送っていたのです。

こうして小さなお金をたくさん使っておくと、いざ相続になったときに、奪い合ってまでモメることはないのではないでしょうか。

小さなお金を使ってものを送るというのは、何か根回しをしているようでいやらしいと思う人もいるかもしれません。でも、ただものを送ればいいということではなく、日頃の感謝の気持ちを伝えることが大事なようです。

何かを期待しておこなうわけではなく、コミュニケーション術として素晴らしいことではないでしょうか。

「家庭内の資金繰り」は相続に与える影響大

50歳前後の相続人であるお客様に、私たちはこう聞くことがあります。

「下のお子さんが社会人になるのはいつですか?」

お客様が「2年後です」と答えたとしましょう。では、2年後から何が変わるのでしょうか。

下のお子さんが社会人になった年から変わるのは、「家庭内の資金繰り」です。

お子さんが社会人になる前の40代の相続人と、お子さんが独立したあとの50代以降の相続人では、家庭内の資金繰りが違っています。子どもが独立すると、教育費、お小遣いという生活補助が基本的になくなり、必要なのはご夫婦の生活費のみになるのです。これは、経験された方なら実感できることでしょう。

つまり、末っ子が社会人になると、たちまち経済的に豊かになるということです。ご両親はある種の富裕層になるともいえます。

これが相続とどう関係があるのでしょうか。

今までの最大の支出であった教育費がなくなることで、きょうだい間での相続に対する主張が変わってきます。経済的にも精神的にも余裕が出てくるため、モメにくくなるというわけです。

相続が発生したとき、きょうだい間でそれぞれの子どもが自立しているか、あるいはまだお子さんが小さく、教育費がかかるのはこれからというきょうだいがいるかは、モメるかどうかの重要なポイントであることを覚えておきましょう。

いちばん大切な相続財産は目に見えない

いい相続とは何でしょうか。

相続税が安くすんでよかった、ということだけではないような気がします。

私たちは今まで、１万件を超える相続に携わってきました。そのなかで改めて、幸せな相続とは何なのかを考えてみました。

徳川家康の遺訓に「人の一生は重荷を負うて遠き道を行くがごとし。急ぐべからず。不自由を常と思えば不足なし（以下略）」というものがあります。

人生は修行そのものです。本書で今回の相続法改正に触れながら述べてきた、介護の苦労も、人生の修行の１つ。私たちを成長させてくれるものです。

前著（『開業医の「やってはいけない」相続』）でもご紹介しましたが、慶應義塾大学の教授である前野隆司《まえのたかし》先生の『幸せのメカニズム』（講談社現代新書）という素晴らしい本があります。代表社員税理士の天野がこの本を読んで、幸せとは何かを考え、幸せな相続と結びつけて、さまざまなことを考えました。その考えについてお話ししたいと思います。

本には、「歳を重ねると利他的になる」と書かれていました。

前野先生の研究グループが実際におこなった欲望の研究の結果、利己的欲求（自分は〇〇したいという欲求）は20代をピークに減少していき、逆に利他的な欲求（社会や他人のために〇〇したいという欲求）は、年齢とともに増加していく傾向があったそうです。

若いときは金銭欲や名誉欲、物欲を持ち、大いに利己的に生きてもいいのかもしれませんが、歳を重ねるにつれて利他的になっていく。誰かのために何かをしたいという他者貢献、社会貢献をしたいという気持ちは、歳とともに増えていく――素晴らしいことではないでしょうか。

また、歳を重ねると性格もよくなり、幸福度も高くなるという統計結果も出ているそうです。

50代、60代になって相続をする段階になり、まだなお利己的になっているよりも、利他的であれば、自分を含め、きょうだいや親戚、他者も幸せにできるのかもしれません。

「幸せな相続」と言葉にしてしまうと、綺麗事《きれいごと》に聞こえてしまうかもしれませんが、実際に私たちは相続を通して、幸せを感じる方が多くいらっしゃることを目の当たりにしています。そのような方たちは、まさに「親の幸福を相続していく」ということを実践していました。

それは、目に見えないものを相続していることと同義であり、親の考え方であったり生き方を受け継ぐことであったりします。相続する際に、少しでも「親の幸せはなんだったのだろう」と思いを馳《は》せ、それを相続できたら素敵なことではないでしょうか。

先日、あるセミナーで作家の五木寛之《いつきひろゆき》先生がお話をされていました。そのなかで五木先生は、「父親から漢詩を、母親から童謡を相続した」とおっしゃっていました。そして喜劇王・チャップリンの言葉も引用していました。名作『ライムライト』で、チャップリンは「人生に必要なのは、勇気と想像力と、ほんの少しのお金」だといっています。

ちなみに代表社員である天野も、両親から「思い」を引き継いで今の仕事をしています。父親から税理士という職業を、母親からは相続の大切さを継いでいるのです。天野の母親は息を引き取る寸前に手を握り、「お父さんを頼むね」といって亡くなりました。それが母親の思いだったのです。ですから、父親の仕事を助けてその思いを継ぐことが、同時に母親の思いを実現することでした。

この本を読んでいる方のなかには、自分の父母、義父、義母と4人の相続をする方がいらっしゃると思います。もちろん、相続の知識や、節税など実務的なことも大切ですが、同時にそれぞれの方から、何を相続するのかと思いながら人生を歩んでいくのも興味深いのではないでしょうか。

親の相続を通して、自分の人生を考える

1959（昭和34）年生まれの方の話です。

1959年は、上皇様が美智子様とご成婚された年。

そして20年後の1979（昭和54）年。20歳のときに英国初の女性首相サッチャー氏が誕生しました。学生から社会人生活に入り、時は10年経ち、1989（昭和64）年、30歳のときにベルリンの壁が崩壊。

昭和で30年。

そして平成になったのは1989年。平成の時代は仕事をひたすら頑張りました。

１９９９（平成11）年の40歳の年に、王貞治監督が率いる福岡ダイエーホークス（現ソフトバンクホークス）が日本一に。そして50歳になった２００９年（平成21年）に、米国初の黒人大統領であるオバマ氏が就任。２０１９（平成31）年で60歳。ようやく仕事がひと区切りつきました。

平成で30年。

そして令和になりました。60歳になった今、一番大切なのは、これからの30年だと話されていました。

そう、60歳からが自分らしく生きる、人生の本番なのです。これからが人生の実りの時期、黄金期の到来です。

人生は限りがあるから面白いのです。限りがなく無限であれば、おそらく何も考えないで生きるだけなのではないでしょうか。私たちは誰に教わるわけではなく、「人生、あと何年」と考えるから、自分らしく生きられるのでしょう。

本書のテーマは「相続」です。それも、介護や認知症など、ままならない問題が生じてきたうえでの相続の話をしてきました。しかし、相続について深く考えていくことで、気づくこともたくさんあったのではないでしょうか。

現実に相続するものは財産ですし、目に見えるものですが、そこに至る経緯には大変なこともたくさんあります。私たちは相続の専門家ですが、数字でわかる目に見える相続と、目に見えない大切な相続があることを、みなさんにぜひ心に留めておいていただきたいと思っています。

相続を通して、限りある人生を自分らしく生きるヒントを見出していただけたら、と願ってやみません。

コラム

相続の視点から見た「老後２０００万円問題」

「夫婦揃って65歳から30年間生きると２０００万円不足する」という金融庁の試算で話題になった「老後２０００万円問題」。

しかし相続の現場から見ると、現実とは少しずれているような気がしています。

あるお客様は、「企業年金があるので安心している」とおっしゃっていました。ご自身が亡くなり、妻が長生きした場合は少し心配だという程度のようです。企業年金もあり、マンションも持っている方からも、心配の声は上がりませんでした。

多少反感を買うのを承知でお話ししますが、このようにお金を持っている人の話はニュースには出てきません。ニュースになるのは、困っている人の話ばかりです。

しかし、現実には困っていない人もいます。

実は私たちの調査では、平均的なサラリーマン家庭で、自宅のほかに残された相続預金は、平均で２０００万円あることがわかっています。平均的なサラリーマンがどういう人かというと、退職金をもらって一軒家のローンを払い終えたとき、き、2000万円残っている人たちということです。これなら、公的年金だけでは2000万円不足するとしても、プラスマイナスはゼロですね。

そもそも、高齢となった夫婦2人暮らしでは、それほどお金は使わないものです。歳をとると食事の量も減りますし、衣類もたくさん買うわけではない。住む場所にも困らない。衣食住にお金を使わなくなります。疲れてしまうので、旅行にもそれほど行かなくなります。見栄さえ張らなければお金は出ていかないものです。

住まいに関してもっといえば、今回の2000万円問題には、リバースモーゲージ（持ち家を担保に金融機関から融資を受け、満期または死亡時に一括返済する制度）のことにも触れていません。自宅を担保に借金ができれば、もしかすると解消してしまう問題かもしれないのです。

こうした自分たちの蓄えに加え、年金以外に「相続」で入ってくるお金がある人も一定数います。もちろん、これには個人差もあります。

そして、入金は年金と相続だけではありません。仕事で収入を得るという方法もあります。

仕事をしていると、健康管理にも気を使ったり、認知症予防にもなるなど、メリットがたくさんあります。何より家にずっといるよりも気分転換にもなり、精神衛生上もいいでしょう。

現役時代よりは多少給料が減るかもしれませんが、仕事を通して生きがいややりがいといった、お金には換えられないものを手にすることができるのではないでしょうか。

未来がどうなるかは誰にもわかりません。わからないから不安になるのですが、単に老後２０００万円足りないと不安をあおる報道を鵜呑みにするのではなく、現実を知り、どう行動していくかを考えていってはいかがでしょうか。

本書を読んで、相続に関してさらに詳しくお知りになりたい方は、
下記ホームページをご覧ください。

http://legacy.ne.jp/lp/

*知って得するメールマガジンも無料配信中！

税理士法人レガシィ／株式会社レガシィ
〒100-6806
東京都千代田区大手町1-3-1　JAビル
電話：03-3214-1717　FAX：03-3214-3131

青春新書
INTELLIGENCE

こころ涌き立つ「知」の冒険

いまを生きる

"青春新書"は昭和三一年に——若い日に常にあなたの心の友として、その糧となり実になる多様な知恵が、生きる指標として勇気と力になり、すぐに役立つ——をモットーに創刊された。

そして昭和三八年、新しい時代の気運の中で、新書"プレイブックス"にその役目のバトンを渡した。「人生を自由自在に活動《プレイ》する」のキャッチコピーのもと——すべてのうっ積を吹きとばし、自由闊達な活動力を培養し、勇気と自信を生み出す最も楽しいシリーズ——となった。

いまや、私たちはバブル経済崩壊後の混沌とした価値観のただ中にいる。その価値観は常に未曾有の変貌を見せ、社会は少子高齢化し、地球規模の環境問題等は解決の兆しを見せない。私たちはあらゆる不安と懐疑に対峙している。

本シリーズ"青春新書インテリジェンス"はまさに、この時代の欲求によってプレイブックスから分化・刊行された。それは即ち、「心の中に自らの青春の輝きを失わない旺盛な知力、活力への欲求」に他ならない。応えるべきキャッチコピーは「こころ涌き立つ"知"の冒険」である。

予測のつかない時代にあって、一人ひとりの足元を照らし出すシリーズでありたいと願う。青春出版社は本年創業五〇周年を迎えた。これはひとえに長年に亘る多くの読者の熱いご支持の賜物である。社員一同深く感謝し、より一層世の中に希望と勇気の明るい光を放つ書籍を出版すべく、鋭意志すものである。

平成一七年　　刊行者　小澤源太郎

著者紹介

税理士法人レガシィ〈ぜいりしほうじんれがしぃ〉

累計相続案件実績日本一であり、専門ノウハウと対応の良さで紹介者から絶大な支持を得ている、相続専門の税理士法人。公認会計士、税理士のほか、宅地建物取引士を含め、グループ総数1360名を超えるスタッフが、銀行・不動産の名義変更から相続税申告まで、すべての相続手続きをワンストップで対応する。おもな著書に『ひと目でわかる！図解「実家」の相続』『やってはいけない「長男」の相続』(小社刊)などがある。

「親《おや》の介護《かいご》・認知症《にんちしょう》」でやってはいけない相続《そうぞく》

青春新書 INTELLIGENCE

2019年12月15日　第１刷

著　者　税理士法人《ぜいりしほうじん》レガシィ

発行者　小 澤 源 太 郎

責任編集　株式会社プライム涌光

電話　編集部　03(3203)2850

発行所　東京都新宿区若松町12番１号 〒162-0056　株式会社青春出版社

電話　営業部　03(3207)1916　振替番号　00190-7-98602

印刷・中央精版印刷　製本・ナショナル製本

ISBN978-4-413-04586-5